KB236454

목사님, AI와 동역하시겠습니까?

- Google Gemini부터 NotebookLM까지,
사역의 품격을 높이는 프롬프트(Prompt) 실전 가이드 -

세움북스는 기독교 가치관으로 교회와 성도를 건강하게 세우는 바른 책을 만들어 갑니다.

목사님, AI와 동역하시겠습니까?

- Google Gemini부터 NotebookLM까지,
사역의 품격을 높이는 프롬프트(Prompt) 실전 가이드 -

초판 1쇄 발행 2026년 2월 28일
　　2쇄 발행 2026년 3월 19일

지은이 l 김시준

펴낸이 l 강인구
펴낸곳 l 세움북스
등 록 l 제2014-000144호
주 소 l 서울시 종로구 대학로 19 한국기독교회관 1010호
전 화 l 02-3144-3500
이메일 l holy-77@daum.net

교 정 l 김민철
디자인 l 참디자인

ISBN 979-11-93996-72-0 (03230)

목사님,
AI 와
통역 하시겠습니까?

김시준 지음

Google Gemini부터
NotebookLM까지
사역의 품격을 높이는
프롬프트 실전 가이드

감사의 글

2022년 말, ChatGPT가 세상에 공개되었을 때의 설렘을 지금도 잊을 수 없습니다. AI라는 단어가 더 이상 SF 영화 속 이야기가 아니라 우리 일상으로 성큼 다가온 그 순간, 저는 호기심 가득한 마음으로 이 새로운 세계를 기웃거렸습니다. 처음엔 그저 '신기하네' 하는 감탄이 전부였습니다.

하지만 생성형 AI의 발전 속도는 제 예상을 훨씬 뛰어넘었습니다. 구글이 '바드'라는 이름으로 처음 선보였던 AI가 ChatGPT에 밀렸지만, 2024년 'Gemini(제미나이)'로 재탄생하면서 맹렬히 추격하는 모습을 지켜보았습니다. 이제 Gemini는 멀티모달 영역에서만큼은 ChatGPT를 앞선다는 평가를 받고 있습니다.

이런 치열한 경쟁 속에서 저는 하나의 가능성을 발견했습니다. 바로 '구글 AI 생태계'였습니다. 수십 년 목회 현장에서 전문성을 쌓아 온 목사님들께 생성형 AI는 분명 귀한 도구가 될 것이라는 확신이 들었습니다. 강단에서 선포했던 수많은 설교들, 세미나와 제자 훈련을 통해 축적된 자료들이 AI를 만나 새롭게 빛을 발할 수 있다는 가능성을 보았습니다.

그래서 용기를 냈습니다. 신학교 동기 목사님들을 모아 놓고 조심스럽게 AI 활용법을 나누기 시작했습니다. 함께 실습하고, 시행착오를 겪으며 놀라운 결과들을 목격했습니다. '이 좋은 것을 혼자만 알고 있을 수 없지'라는 마음이 들었습니다. 좋은 기술이 있는데 감춰 둘 이유가 없었습니다.

특별히 친구 김영민 목사, 이정훈 목사, 정헌남 목사, 천영섭 목사에게 깊은 감사를 전합니다. 이 네 분과 함께 실제 목회 현장에서 AI를 적용하며 수많은 실험과 실패, 그리고 성공을 경험했습니다. 여러분의 솔직한 피드백과 창의적인 아이디어가 없었다면 이 책은 탄생하지 못했을 것입니다.

'화성신철(화요일에 성경과 신학과 철학을 공부하는 모임)'에서 AI 세미나를 시작할 수 있도록 자리를 마련해 주시고, 목회자를 위한 AI 활용서를 쓰도록 용기를 주신 김영한 목사님께 특별한 감사를 드립니다. 목사님의 권면이 없었다면 이 책은 아직도 제 머릿속 구상에만 머물러 있었을 것입니다.

다양한 AI 도구들을 접하고 깊이 연구할 수 있도록 실질적인 도움을 주신 트렙드립의 최성현 대표님께도 고마움을 전합니다. 기술적 조언과 함께 목회 현장의 필요를 이해해 주신 통찰이 큰 힘이 되었습니다.

또한 세움북스의 강인구 대표님께 진심 어린 감사를 드립니다. 'AI와 목회'라는 낯선 주제의 책을 기꺼이 출간해 주시고, 한국 교회에 꼭 필요한 메시지라며 격려해 주신 대표님의 혜안과 결단이 없었다면 이 책은 세상의 빛을 보지 못했을 것입니다. 원고의 부족한 부분을 세심하게 다듬어 주시고, 목회자들이 실제로 활용할 수 있는 책으로 만들어 주신 편집 팀의 노고에도 깊이 감사드립니다.

무엇보다 항상 기도와 격려로 든든한 동역자가 되어 준 사랑하는 아내 임미경에게 감사합니다. 늦은 밤까지 원고를 붙잡고 있는 남편을 묵묵히 지켜봐 주고, 때로는 따뜻한 차 한 잔으로 위로해 준 당신이 있었기에 이 책을 완성할 수 있었습니다. 그리고 "아빠, 또 AI 공부해?"라며 웃어 주던 사랑하는 딸들 주혜, 주하에게도 고마움을 전합니다. 그들이 살아갈 세상을 조금이나마 더 밝게 만들고 싶은 마음으로 이 책을 썼습니다.

마지막으로 이 모든 여정 가운데 저를 인도하시고 지혜를 주신 하나님께 영광을 돌립니다. 부족한 종이 AI라는 새로운 도구를 통해 하나님 나라를 섬길 수 있게 하심에 감사드립니다.

이 책을 읽으실 모든 목회자 여러분께도 감사를 전합니다. 여러분의 귀한 시간을 이 책과 함께해 주심에 깊이 감사드리며, 이 책이 여러분의 사역에 작은 도움이라도 되기를 간절히 소망합니다.

2026년 2월
한 사람의 동료 목회자로서
김시준 목사 드림

추천의 글

‡‡‡

소위 AI의 환각(hallucination)이라는 것을 자주 경험한다. 그때마다 '이 녀석이...' 하며 AI를 꺼 버린다. 이러다 AI가 만드는 환각을 현실로 여기는 일이 당연하거나 다행이라 여기는 시대가 오겠다 싶다. 그래서 AI 사용할 때 살짝 존댓말을 사용하기도 한다.

김시준 목사님은 AI를 두레박처럼 여기라고 한다. 'AI가 영성의 깊은 물을 길어 올리는' 새로운 도구가 되리라는 제안이다. 이 책은 피할 수 없는 운명, AI가 신앙과 사역의 본질을 추구하는 일에 깊이 있는 동반자가 되도록 안내하는 길잡이이다. 책을 읽다 보면 다가오는 AI의 세상 속에서 신앙과 사역 교회와 선교에서 갖추어야 할 것이 많음을 느낀다. 하나님과의 관계 방식을 재정립하는 것도, 일상에서 신앙하는 방식이나 사역 방식도, 그리고 교회 세팅도 모두 포함된다. 교회를 몸으로 익힌 세대로서 두려움과 호기심이 엇갈린다. 어디까지일까. 김시준 목사님의 『목사님, AI와 동역하시겠습니까?』는 그 문을 과감히 열어젖히도록 촉구한다. 그다음은 책을 읽고 난 우리 각자의 몫일 것이다. 갈피를 잡기 어려운 시절, 앞길에 대한 용기와 기술을 함께 주시는 목사님에게 감사드린다.

강신덕 _샬롬교회 책임 목사, 토비아선교회 사역자

‡‡‡

낯설었던 AI, 사역의 품격을 높이는 '든든한 비서'가 되다.

사역의 현장에서 늘 고군분투하시는 목회자 여러분께 이 책을 기쁜 마음으로 소개합니다. 저 역시 불과 얼마 전까지만 해도 'AI'에 대해서 막연한 거부감과 두려움을 가지고 있었습니다. 하지만 이 책을 읽으며 AI가 거룩한 사역을 방해하는 기술이 아니라 오히려 목회 본연의 사명에 집중하도록 돕는 든든한 '동역자'임을 깨달았습니다.

이 책은 구글 Gemini와 NotebookLM까지, 생소한 도구들을 목회자의 눈높이에서 아주 친절하게 설명해 줍니다. 특히 실전 프롬프트 가이드는 복잡한 자료 정리와 행정 업무를 획기적으로 줄여 주어, 우리가 가장 소중히 여겨야 할 '기도'와 '심방'을 위한 시간을 벌어 줍니다.

"기계치라 어려울 것 같다"고 주저하시는 분들께 더욱 추천합니다. 저처럼 기술에 서툰 사람들도 이 책을 따라가다 보면 어느새 사역의 아이디어를 확장하는 즐거움을 맛보게 될 것입니다. 변화하는 시대 속에서 사역의 깊이와 품격을 더하고 싶은 모든 목회자분들께 이 책이 명쾌한 해답이 되어 줄 것이라 확신합니다.

권동진 _진교교회(고신) 담임 목사

‡‡‡

목회 현장에서 AI를 쓰기 시작하면서 제 사역이 달라졌습니다. 설교 준비 시간이 줄었습니다. 자료 찾기가 쉬워졌습니다. 영상 제작이 간단해졌습니다. 전도용 콘텐츠를 빠르게 만듭니다. PPT 작업이 편해졌습니다. 이 모든 것이 AI 덕분입니다. 하지만 처음엔 막막했습니다. 어디서부터 어떻게 써야 할지 몰랐습니다. 그때 이런 책이 있었다면 얼마나 좋았을까 생각합니다.

그런데 저자가 바로 그 책을 썼습니다. 김시준 목사는 열정적이고 학구적인 목회자입니다. 새로운 것을 배우는 데 게으르지 않습니다. 배운 것을 현장에 적용하는 데 주저하지 않습니다. 그의 성실함과 고민이 이 책 곳곳에 담겨 있습니다. 이 책은 목회자를 위한 실전 가이드입니다. 이론이 아닙니다. 당장 오늘부터 쓸 수 있는 방법들입니다. 설교, 심방, 행정, 전도까지 실제 사례가 가득합니다.

AI는 주인이 아닙니다. 비서입니다. 강단의 주인은 하나님이십니다. 하지만 좋은 비서는 목회를 더 풍성하게 만듭니다. 지금 AI를 안 쓰는 목회자는 손해를 볼 것입니다. 시간을 낭비하고 있습니다. 이 책 한 권이면 그 손해를 막을 수 있습니다.

제가 먼저 쓰고 있습니다. 효과를 봤습니다. 그래서 확신합니다. 이 책은 당신의 목회를 바꿀 것입니다. 지금 바로 구입하십시오. 읽고 바로 실천하십시오. 한 달 뒤 당신의 사역이 달라져 있을 것입니다.

권준호 _송전교회 담임 목사

‡‡‡

바야흐로 AI 대세의 시대입니다. 하지만 강단 위 목회자들의 마음 한편엔 여전히 생소함과 막막함이 자리 잡고 있습니다. 이때 출간된 AI 전문가 김시준 목사님의 『목사님, AI와 동역하시겠습니까?』는 단순한 기술서를 넘어 목회 현장의 패러다임을 바꿀 획기적인 초대장입니다.

저자는 구글의 Gemini와 NotebookLM이라는 강력한 무기를 사역이라는 따뜻한 그릇에 어떻게 담아 낼지 세심하게 안내합니다. AI 초보자라도 걱정할 필요 없습니다. 사역 맞춤형으로 설계된 50선의 실전 프롬프트는 마치 숙련된 비서가 곁에 있는 듯한 놀라운 경험을 선사할 것입니다.

무엇보다 저자가 수많은 실습을 통해 완성한 'PASTOR 공식'은 복잡한 기술을 사역의 언어로 번역해 낸 이 책의 정수입니다. 이를 통해 목회자는 기술에 휘둘리지 않고, 오히려 기술을 도구 삼아 더 풍성한 영적 콘텐츠를 생산해 낼 수 있습니다.

AI가 가져다 줄 시간의 여유는 결국 목양의 본질로 향합니다. 행정과 편집의 수고를 덜어 낸 자리에 성도를 향한 눈물과 깊은 말씀 묵상을 채우고 싶은 모든 목회자에게 이 책은 최고의 선물이 될 것입니다. 사역의 새로운 시대를 여는 이 보석 같은 책을 강력히 추천합니다.

권혁정 _총신대 겸임 교수

‡‡‡

몇 해 전, AI에 대해 낯설어 하던 저에게 끊임없이 질문을 던지며 시대를 깨우쳐 주던 저자의 모습이 선합니다. 저자는 누구보다 한국 교회를 사랑하기에, 다가올 AI 시대를 가장 먼저 고민하고 준비해 온 선각자이자 선구자입니다. 이 책은 단순한 이론서가 아닙니다. 목회 현장에서 AI와 어떻게 구체적으로 동역할 수 있는지 알려 주는 실전 지침서입니다. 이 책과 함께라면 AI는 더 이상 두려움의 대상이 아니라 가장 든든한 목회의 동역자가 될 것을 확신합니다.

김영민 목사 _대원교회 담임, 총신대학교 선교대학원 겸임교수

‡‡‡

예전에 한글을 모르면 문맹자라고 했습니다. 컴퓨터가 나왔을 때, 컴퓨터를 모르면 컴맹자라고 했고요. 이제 인공 지능(AI)을 모르면 인맹자가 됩니다.

특별히 오늘날 목회자들, 앞에 선 선교사님들, 섬김이들은 인공 지능을 알아야 합니다. 잘 다룰 줄 몰라도 기본적인 것은 배워야 합니다. 물론 인공 지능은 양날의 검과 같습니다. 누군가에게는 사역의 효율을 극대화할 '하늘의 선물'이지만, 다른 누군가에게는 거룩한 강단의 영성을 위협하는 '차가운 기계'일 뿐입니다.

저자는 이런 부분에 경각심을 줍니다. 그러면서 책을 통해 인공 지능은 어렵고 기피해야 할 두려움과 어려움의 대상이 아니라, 목회자에게 '가장 강력한 동역자'가 될 수 있음을 설득력 있게 제시합니다.

이 책의 가장 큰 미덕은 단순히 기술적인 활용법(How-to)에 매몰되지 않는다는 점입니다. 저자는 루터가 인쇄기를 '일반 은총'으로 수용했듯, AI 역시 비본질적인 행정과 자료 정리의 수고를 덜어 주어 목회자가 '본질(기도와 심방, 말씀 묵상)'로 돌아가도록 돕는 '똑똑한 두레박'이라고 합니다.

특히 제2장에서 제시된 'AI 목회 사역 십계명'은 이 책의 백미입니다. "AI는 도구이며 성령님만이 인도자이심을 기억하라"라는 제1계명과 "모든 책임은 목회자에게 있다"라는 제10계명은 자칫 기술 만능주의에 빠질 수 있는 현대 사역자들에게 엄중한 영적 가이드라인을 제공합니다. 이는 AI를 다루는 기술보다 '분별의 영성'이 선행되어야 함을 강조하며, 독자로 하여금 기술의 편리함 속에서도 '목회자의 무릎'이라는 본질을 놓치지 않게 합니다.

이론에 그치지 않고 구글 Gemini, NotebookLM 등 구체적인 도구 활용법과 저자만의 'PASTOR 프롬프트' 공식을 담은 구성은 매우 실용적입니다. 시행착오를 숨기지 않고 공유하는 저자의 태도는 AI를 어렵게만 느끼던 중장년 목회자들에게도 '나도 할 수 있다'라는 용기를 북돋워 줍니다.

변화하는 시대 속에서 소명을 더욱 깊이 고민하는 모든 사역자에게 이 책은 친절하고도 명쾌한 이정표가 되어 줄 것입니다. 이 책을 주변 목회자에게 선물해 주시고, 목회자들은 꼭 이 책의 도움을 받아 목회에 더 많은 선한 열매를 맺으시길 소망합니다.

김영한 _품는교회 담임 및 Next 세대 Ministry 대표

‡‡‡

오늘의 목회 현장에서 산더미 같은 행정 업무와 다음 세대를 향한 새로운 교육 콘텐츠 제작의 압박으로 사역자의 에너지는 쉽게 고갈되곤 합니다. 이러한 고민을 안고 있는 동역자들께 본서를 추천합니다.

이 책은 AI를 사역자를 대체할 존재가 아니라 영성의 깊은 물을 길어 올리도록 돕는 '똑똑한 두레박'으로 정의합니다. 저자는 AI에게 비본질적인 업무를 맡기고, 사역자는 본질인 기도와 묵상, 영혼 돌봄에 더 집중해야 한다고 강조합니다. 이 책이 특별한 이유는 다음과 같습니다.

1. 사역 맞춤형 실전 가이드: 저자가 개발한 'PASTOR 프롬프트 공식'은 AI를 신임 부교역자처럼 활용하는 법을 알려 줍니다. 설교, 상담, 행정 등 현장에서 바로 쓰는 50가지 실전 프롬프트는 당장 이번 주 사역의 질을 바꿔 놓을 것입니다.

2. 나만의 신학 연구소 구축: NotebookLM과 Deep Research를 활용해 흩

어진 자료를 정리하고, 방대한 신학적 주제를 단 몇 분 만에 깊이 있게
분석하는 비결을 담았습니다.

3. 다음 세대를 위한 시각적 혁명: 디자인 전문가가 아니어도 나노바나
나프로와 Veo 3.1을 통해 아이들의 눈높이에 맞는 고품질 포스터와 영상
을 손쉽게 제작하는 법을 상세히 안내합니다.

종교 개혁자 루터가 인쇄기를 가리켜 '복음 전파를 위한 하나님의 선물'이라
했듯, AI는 이 시대를 위해 허락된 '일반 은총의 도구'입니다. 여러분도 이 책을
통해 사역의 효율을 넘어, 더 깊은 영성의 자리로 나아가는 기쁨을 누리시길 바
랍니다. 이 책을 AI 시대를 제대로 알고 그 유익을 누려야 할 모든 목회자와 교
사들의 필독서로 기쁘게 추천합니다.

성기문 _구약학 박사, 수도국제사이버신학 교무처장

‡‡‡

영성과 기술의 만남은 새로운 지평을 엽니다. 이 책의 저자인 김시준목사님
은 목회자들이 붙잡아야 할 본질과 이용해야 할 기술을 잘 다루고 있습니다.
"AI에게 비본질적인 업무를 맡기고, 목사님은 본질로 돌아가십시오." 이 책은
AI 시대를 준비하는 사역 매뉴얼로 Google Gemini의 기초 활용법, PASTOR 프
롬프트 공식, 목회의 개인 비서가 되어 줄 'NotebookLM' 활용법까지, 현장에서
바로 적용할 수 있는 책입니다. 설교 준비, 행정, 돌봄과 상담에 이르기까지 좋
은 목회 비서와 동행하십시오. 이제 혼자 목회의 짐을 지지 말고 AI를 통해 새

포도주를 새 부대에 담아 보십시오. 목회자들이 하나님 나라 복음 확장에 새 지평을 여는 데 도움이 되었으면 하는 마음으로 추천합니다.

이상갑 _산본교회 담임 목사, 청년사역연구소 대표, 학원복음화협의회 공동 대표

프롤로그

: 왜 지금, 목회자에게 AI인가?

얼마 전 강의 현장에서 어느 목회자가 제게 던진 질문입니다. 그분의 눈빛에는 호기심과 함께 깊은 거부감이 섞여 있었습니다. 사실 충분히 이해가 갑니다. 우리가 평생을 바쳐 온 이 거룩한 강단이 차가운 연산 장치와 알고리즘으로 대체될지도 모른다는 공포는 생각보다 실존적으로 다가오기 때문입니다.

저 역시 Gemini(제미나이)를 처음 접했을 때 비슷한 기분을 느꼈습니다. '아니, 이 인공 지능이 나보다 성경 구절을 더 빨리 찾아 주네?', '내가 사흘 밤낮을 고민한 설교 개요를 30초 만에 짜 준다고?' 솔직히 말씀드리면, 편리함보다는 서운함과 당혹감이 먼저 찾아왔습니다. 평생 쌓아 온 제 신학적 자산이 한낱 데이터 조각이 된 것 같은 묘한 패배감마저 들었습니다.

강의를 마치고 돌아오는 기차 안에서 곰곰이 곱씹어 보니 생각이 조금씩 달라졌습니다. 우리가 사용하는 '로고스 바이블(Logos Bible)'이나 두꺼운 주석 책들은 어떻습니까? 그것들 역시 결국 인간의 수고를 덜어 주는 '도구'가 아닙니까?

루터가 구텐베르크의 인쇄기를 보고 "복음을 전파하기 위한 하나님의 마지막 선물"이라고 극찬했던 것처럼, 지금 우리 앞에 놓인 AI 역시 어쩌면 이 시대를 향한 하나님의 '일반 은총'일지도 모른다는 확신이 들었습니다. AI는 설교를 대신 써 주는 '대체재'가 아닙니다. 오히려 AI는 목회자가 본질적인 일에 더 집중하고 창의력과 돌봄의 시간을 넓혀 가도록 돕는 비서이며, 동역자입니다.

이 책은 그런 현실적 필요와 현장의 목소리에서 출발했습니다. AI가 영성이나 진정성을 침범하는 존재가 아니라, 오히려 목회자의 소명을 더 깊이 살아내게 하는 강력한 동력이 될 수 있다는 믿음이 이 책의 중심에 담겨 있습니다. 이론적인 설명보다는, 현장에서 바로 쓸 수 있는 실전 방법과 구체적인 예제를 통해 누구나 쉽게 배우고 적용할 수 있도록 구성했습니다.

그래서 이 책은 단순히 "이 버튼을 누르세요"라고 말하는 기술 서적이 아닙니다. 오히려 "AI에게 비본질적인 업무를 맡기고, 목사님은 본질로 돌아가십시오"라고 호소하는 사역 매뉴얼입니다. Google Gemini의 기초 활용법부터, 제가 시행착오를 겪으며 터득한 'PASTOR 프롬프트' 공식, 그리고 목사님만의 개인 비서가 되어 줄 'NotebookLM' 활용법까지, 현장에서 바로 적용할 수 있는 아주 구체적인 이야기들을 담았습니다.

목사님, 이제 혼자 짐을 지지 마십시오. 저도 처음엔 실수투성이였습니다. AI가 엉뚱한 성경 구절을 알려 주는데도 그걸 믿고 고개를 끄덕였던 적도 있고, 질문을 잘못 던져서 한참을 빙빙 돌기도 했습니다. 하지만 그 과정을 겪고 나서야 비로소 보였습니다. AI는 '정답을 주는 기계'가 아니라, 우리의 생각을 자극하고 확장해 주는 '최고의 대화 상대'라는 사실을 말입니다.

이제 두려움을 잠시 내려놓고, 저와 함께 이 새로운 길을 걸어 보시지 않겠습니까? '인공 지능'이라는 차가운 기술이 목사님의 뜨거운 영성과 만날 때, 사역의 현장은 이전과는 비교할 수 없는 풍성함을 누리게 될 것입니다.

이 책은 마치 비빔밥을 만들 때 각기 따로 놓인 재료들을 '목회 철학'이라는 고추장으로 버무려 하나의 훌륭한 요리로 완성하는 과정과 같습니다.

제1부: AI를 사용하기 전 반드시 정립해야 할 신학적 · 윤리적 기초를 다룹니다.

제2부: AI와 대화하는 핵심 기술인 'PASTOR 프롬프트' 공식과 50가지 실
전 사례를 제시합니다.

제3부: Google Gemini 생태계의 전문가 8명(기본 동역자, 연구자, 교육자,
디자이너, 기획자, 아카이브 관리자, 시각 크리에이터, 영상 제작자)
을 차례로 만나며 각 도구를 깊이 있게 마스터합니다.

제4부: NotebookLM을 통해 AI의 환각 현상을 방지하고, 먼지 쌓인 자료들
을 활용해 나만의 연구소를 구축하는 방법을 알아봅니다.

제5부: 실제 사역 사례를 단계별로 따라 하며 즉시 적용할 수 있는 실전 시
나리오를 경험합니다.

자, 이제 시작해 봅시다. 하나님께서 이 시대에 허락하신 놀라운 도구와 함
께, 목회의 본질로 더 깊이 들어가는 여정으로 여러분을 초대합니다.

이 책에 사용된 이미지 캐릭터와 인포그래픽은
Gemini 3의 이미지 생성하기 기능으로 만들었습니다.

 목사님, AI와 동역하시겠습니까?

목차

제4부 ‡ NotebookLM 깊이 파기

제5부 ‡ 사역 현장별 AI 활용 실전 시나리오

제1부

AI와 목회
: 철학의 재정립

제1장
AI는 대체재가 아니라 동역자다

1. 똑똑한 두레박: 본질과 비본질의 구분

오늘날 AI 기술은 목회자들을 변화의 한가운데로 몰아넣고 있습니다. 이전에는 신학 도서관에 가서 수십 권의 주석을 뒤적이거나 전문가에게 자문을 구해야만 얻을 수 있었던 정보에, 이제는 누구나 손쉽게 접근할 수 있게 되었습니다. 히브리어와 헬라어 원문 분석, 역사적 배경 연구, 다양한 신학적

관점의 비교 등 이 모든 것이 우리 손안의 작은 기기를 통해 몇 초 만에 가능해졌습니다.

물론 새로운 도구를 마주했을 때 걱정과 두려움이 앞서는 것은 지극히 당연한 일입니다. '이 기계가 내 영성을 대신할 수 있을까?', '목회자의 고유한 영역을 침범하지는 않을까?'라는 우려도 충분히 공감합니다. 하지만 제가 직접 경험하며 내린 결론은 분명합니다. AI는 결코 사역의 본질을 대신할 수 없습니다. 인공 지능에게는 영혼을 울리는 눈물도, 성도를 향한 뜨거운 사랑도 없기 때문입니다. 기술에는 거룩한 부르심도, 십자가를 지는 헌신도 없습니다. AI가 데이터를 처리할 수는 있지만, 성령의 감동으로 마음을 녹이는 것은 오직 하나님만이 하실 수 있는 일입니다.

목회자의 일주일은 참으로 고단합니다. 주일 설교 준비는 기본이고 심방, 교구 관리, 주보 제작, 회의록 작성, 각종 교회 행정 업무까지 감당해야 합니다. 사실 우리는 하나님 말씀을 깊이 묵상하고 성도들의 아픔을 어루만지는 '본질적인' 사역에 집중하고 싶지만, 현실은 산더미처럼 쌓인 '행정의 늪'에 빠져 허우적댈 때가 더 많습니다.

제가 AI와 동역하며 가장 먼저 느낀 변화는 바로 '여유'였습니다. 자료를 수집하고, 방대한 논문을 요약하고, 행정 서류의 초안을 잡는 시간을 AI가 대신해 주면서 제가 해야 할 '무릎 꿇는 시간'이 늘어났습니다. AI는 설교를 대신 써 주는 '대체재'가 아니라, 목사님이 더 깊은 영성의 우물에서 물을 길어 올릴 수 있도록 돕는 '똑똑한 두레박'이 되어 주었습니다.

우물의 비유로 설명해 보겠습니다. 깊은 우물에서 물을 길어 올리려면 두레박이 필요합니다. 두레박이 아무리 튼튼하고 효율적이어도, 그것이 물을 만들어 내는 것은 아닙니다. 물은 이미 우물 깊은 곳에 있습니다. 두레박은 단지 그 물을 끌어올리는 도구일 뿐입니다. 마찬가지로 AI는 목회자의 마음속 깊은 곳에 있는 영적 통찰을 끌어올리는 도구입니다. 자료 조사, 번역, 요약, 정리 같은 반복적이고 시간이 오래 걸리는 작업을 AI가 대신해 줌으로써, 목회자는 더 많은 시간을 기도와 묵상, 그리고 성도들과의 깊은 교제에 쏟을 수 있게 됩니다.

여기서 중요한 것은 '본질과 비본질의 구분'입니다. 설교 준비 과정을 예로 들어보겠습니다. 본문의 역사적 배경을 조사하고, 원어 단어의 의미를 찾아보고, 관련 주석들을 비교하는 작업은 중요하지만 '본질'은 아닙니다. 진짜 본질은 그 본문을 통해 하나님께서 지금 이 시대, 우리 교회 성도들에게 무엇을 말씀하시는지를 분별하는 것입니다. AI는 전자의 작업을 놀라울 정도로 효율적으로 처리합니다. 하지만 후자의 영적 분별은 오직 기도하는 목회자만이 할 수 있는 고유한 영역입니다. AI가 아무리 발전해도 성도 한 분 한 분의 삶의 자리를 이해하고, 그들의 아픔에 공감하며, 그들에게 꼭 필요한 말씀을 선포하는 것은 목회자만이 할 수 있는 일입니다.

실제 제 경험을 나눠 보겠습니다. 이전에는 설교 준비를 위해 관련 자료를 찾는 데만 서너 시간이 걸렸습니다. 도서관에서 책을 빌리고, 인터넷을 뒤지고, 논문을 다운로드하다 보면 정작 묵상할 시간이 부족했습니다. 하지만 이제는 AI에게 "바울 시대의 로마 시민권이 갖는 의미를 설명해 줘"라고 물으면, 몇 초 만에 핵심 정보를 정리해 줍니다. 그 시간에 저는 기도실에서 더 오래 무릎을 꿇을 수 있게 되었습니다.

AI 목회: 기술의 옷을 입고 영성의 심장으로

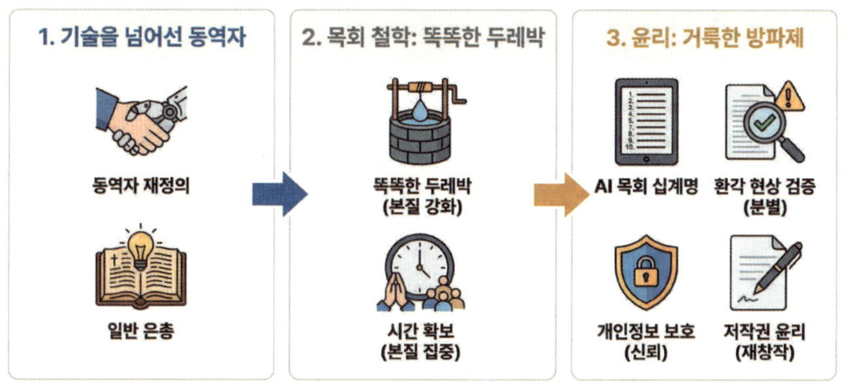

2. 영성 없는 기술, 기술 없는 영성의 한계

이 지점에서 우리는 두 가지 극단을 경계해야 합니다.

첫 번째 극단은 '영성 없는 기술'입니다. AI가 주는 편리함에 도취되어, 기도와 묵상 없이 AI가 만들어 준 설교문을 그대로 강단에서 낭독하는 것입니다. 이것은 목회가 아니라 '대리운전'입니다. 성도들은 목사님의 입술을 통해 들려오는 말씀 속에서 진정성을 감지합니다. AI가 아무리 논리정연한 설교문을 만들어 줘도, 그 안에 목회자의 눈물과 기도가 배어 있지 않다면 그것은 공허한 메아리에 불과합니다.

AI는 훌륭한 초안을 만들어 줄 수 있습니다. 하지만 그 초안에 생명을 불어 넣는 것은 오직 성령의 감동을 받은 목회자만이 할 수 있는 일입니다. AI가 제공한 정보는 '씨앗'입니다. 그 씨앗을 기도와 묵상이라는 토양에 심고, 성령의 은혜로 물을 주어 성도들의 삶을 변화시키는 '열매'로 키워 내는 것은 목회자의 역할입니다.

두 번째 극단은 '기술 없는 영성'입니다. '나는 오직 기도로만 준비한다. 세상의 도구는 필요 없다'라는 태도입니다. 이것은 겸손처럼 보이지만, 사실은 하나님께서 이 시대에 주신 도구를 거부하는 교만일 수 있습니다.

하나님은 역사 속에서 늘 당대의 최신 기술을 사용하여 복음을 전파하셨습니다. 바울은 로마의 발달한 도로망을 이용했고, 루터는 인쇄기를 사용했으며, 현대 선교사들은 비행기와 인터넷을 활용합니다. 기술을 거부하는 것이 영성의 증거는 아닙니다. 오히려 하나님께서 허락하신 도구를 지혜롭게 사용하지 못하는 것은 청지기로서의 책임을 다하지 못하는 것일 수 있습니다. 문제는 기술 자체가 아니라, 그 기술을 어떻게 사용하느냐입니다.

진정한 지혜는 이 두 극단 사이의 균형에 있습니다. 깊은 영성을 바탕으로 최신 기술을 지혜롭게 활용하는 것입니다. AI라는 도구를 사용하되, 그 도구에 의존하지 않는 것입니다. 기술의 힘을 인정하되, 그것이 결코 성령의 역사를 대신할 수 없음을 분명히 아는 것입니다.

실제로 저는 이런 식으로 일합니다. 먼저 본문을 앞에 두고 기도합니다. "하나님, 이 본문을 통해 우리 교회 성도들에게 무엇을 말씀하시렵니까?" 그리고 묵상하며 성령의 음성을 기다립니다. 그런 다음 AI에게 관련 자료를 요청합니다. AI가 제공한 정보를 검토하면서 처음에 받은 영감이 더 구체화되고 풍성해집니다. 마지막으로 다시 기도실로 돌아가, 모든 자료를 내려놓고 하나님 앞에 섭니다. 그때 비로소 진짜 설교가 탄생합니다.

이것이 바로 '기술에 영성을 담는다'라는 것의 의미입니다. AI는 제 사역을 더 효율적으로 만들어 주었지만, 제 사역의 중심은 여전히 하나님과의 깊은 교제입니다. AI는 제가 더 많은 시간을 기도와 성도 돌봄에 쏟을 수 있게 해 주는 조력자일 뿐, 결코 제 사역의 주인공이 될 수 없습니다. 이제 인공 지능이라는 차가운 기술이 목사님의 뜨거운 영성과 만날 때, 사역 현장은 이전과는 비교할 수 없는 풍성함을 누리게 될 것입니다. AI는 목사님의 대체재가 아니라, 목사님이 더욱 목사님다울 수 있도록 돕는 동역자입니다.

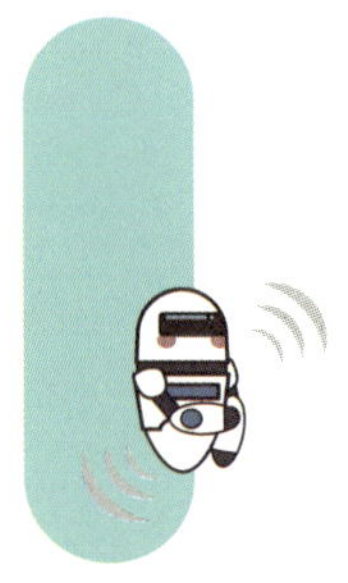

제2장
목회자의 AI 활용 윤리

1. AI 목회 사역 십계명

"목사님, Gemini로 설교 준비하면... 표절 아닙니까?"

어느 세미나에서 받은 이 질문은 저의 고민이기도 했습니다. 기술은 차갑지만, 사역은 뜨거워야 합니다. 아무리 뛰어난 AI 도구를 손에 쥐어도, 목회자

의 심장은 성도를 향한 사랑과 하나님을 향한 경외함으로 가득 차 있어야 합니다.

제1계명: AI는 '도구'이며, 오직 성령님만이 '인도자'임을 기억하라

AI는 구텐베르크의 인쇄기처럼 하나님께서 허락하신 일반 은총의 도구일 뿐, 결코 성령님을 대신할 수 없습니다. 자료를 요청하기 전에 먼저 무릎 꿇고 "주님, 성도들에게 필요한 말씀이 무엇입니까?"라고 여쭈십시오. 성도의 영적 상태를 아시는 분은 오직 성령님뿐입니다.

제2계명: 설교의 깊이는 AI 데이터가 아니라 '목회자의 무릎'에서 나옴을 믿으라

AI가 설교의 '뼈대'를 제공할 수는 있지만, 그 뼈대에 살을 붙이고 생기를 불어넣는 것은 목회자의 눈물의 기도입니다. 화려한 논리보다 중요한 것은 설교자가 먼저 하나님을 만났느냐는 사실입니다.

제3계명: AI가 준 자료를 쓸 때는 베뢰아 사람처럼 성경으로 검증하라

AI는 확률에 기반해 그럴듯한 답을 할 뿐, 진리를 분별하지 못합니다. 없는 책을 인용하거나 잘못된 해석을 내놓기도 합니다. 베뢰아 사람처럼 AI의 답변이 성경적 진리에 부합하는지 치열하게 검증하십시오.

제4계명: 성도의 아픔을 AI에게 묻기보다 직접 성도의 손을 맞잡고 함께 울라

AI가 알고리즘은 분석할 수 있어도 영혼을 위로할 수는 없습니다. 목회자의 본질은 지식 전달이 아니라 '임재의 공유'입니다. AI가 위로의 말을 생성할 때, 목회자는 말 없이 곁을 지키며 하나님의 현존을 전해야 합니다.

제5계명: AI를 활용하면서 하나님과 성도 앞에 정직과 투명함을 유지하라

도구를 사용하는 것은 부끄러운 일이 아닙니다. 중요한 것은 "이 자료는 AI의 도움을 받아 재구성했습니다"라고 밝힐 수 있는 정직함입니다. 냉동식품 같은 AI 초안에 '목자의 심정'이라는 사랑의 조미료를 더해 투명하게 나누십시오.

제6계명: AI의 결과물 위에 목회자만의 해석과 묵상을 더하라

검증 없이 AI의 글을 내놓는 것은 영적 직무 유기입니다. 성도는 목사님의 '말'이 아니라 그 뒤에 숨겨진 '삶'을 듣습니다. 육화된 진리는 AI가 흉내 낼 수 없기에, 모든 결과물에는 목회자의 신학적 점검과 묵상이 필수적입니다.

제7계명: AI로 아낀 시간은 더 깊은 기도와 성도 돌봄에 사용하라

기술이 행정과 연구 시간을 줄여 준다면, 그 남은 시간은 기도실과 심방의 현장에서 쓰여야 합니다. 기계적인 일은 AI에게 맡기고, 목회자는 더욱 목회자다운 일, 즉 영성을 가꾸고 성도를 돌보는 일에 집중하십시오.

제8계명: AI 시대에도 변하지 않는 목회의 본질을 지켜라

정보의 홍수 속에서 목회자는 올바른 정보를 선별하는 '영적 큐레이터'가 되어야 합니다. AI가 제공하는 데이터 너머, 한 영혼의 깊은 내면에서 일어나는 성령님의 세밀한 역사를 분별하는 것은 오직 목회자만의 몫입니다.

제9계명: 기술을 거부하지도, 숭배하지도 말라

AI를 두려워할 필요도, 맹신할 필요도 없습니다. 칼이 요리사의 손에서 유익한 도구가 되듯, AI를 복음의 도구로 선용하는 지혜가 필요합니다. 행정의 효율을 높여 사람을 챙기는 것, 그것이 진정한 AI 리터러시입니다.

제10계명: 모든 영광은 하나님께! 모든 책임은 목회자에게

AI가 아무리 뛰어난 결과물을 주어도 강단에 서는 이는 목회자이며, 그 책임 또한 목회자에게 있습니다. 편리함은 기술이 주지만 생명은 오직 복음 안에 있습니다. 기술의 옷을 입되, 심장만은 언제나 뜨거운 영성으로 뛰게 하십시오.

이 열 가지 계명은 단순한 규칙이 아닙니다. 이것은 AI 시대를 살아가는 목회자가 지켜야 할 영적 균형점이며, 기술과 영성이 조화롭게 만나는 접점입니다. 이 원칙들을 마음에 새기고 실천할 때, 우리는 AI를 통해 더 풍성한 사역을 경험하면서도 결코 목회의 본질을 잃지 않을 수 있습니다.

2. 환각 현상과 분별의 영성

우리는 이것을 기술 용어로 '환각(Hallucination)'이라고 부릅니다. 2026년 현재, 기술이 아무리 발전했다 해도 이 문제는 여전히 존재합니다. 마치 사람이 꿈을 꾸듯, AI는 때때로 사실이 아닌 정보를 마치 실제처럼 그럴듯하게 만들어 냅니다. 특히 신학적 논쟁이 있는 주제나 교단별로 해석이 갈리는 민감한 사안에서 AI는 한쪽으로 치우친 정보를 제공하거나, 심지어 존재하지 않는 성경 구절을 창작하기도 합니다.

제가 직접 경험한 몇 가지 사례를 공유합니다. 한번은 Gemini에게 "구약에서 메시아에 대한 예언을 다룬 구절들을 정리해 달라"고 요청했습니다. AI는 친절하게도 이사야서, 미가서, 스가랴서 등에서 여러 구절을 인용했습니다. 그런데 그중 하나가 이상했습니다. "이사야 62:15에 보면 '그가 고난을 통해 많은 이들을 의롭게 하리라'라고 기록되어 있습니다"라는 문장이었습니다. 순간 제 머릿속에서 경고음이 울렸습니다. '이사야 62장이 그렇게 긴 장이었나?' 성경을 펼쳐 보니 역시나 이사야 62장은 12절까지밖에 없었습니다. AI가 이사야 53장의 내용을 62장으로 잘못 연결했거나 아예 없는 구절을 만들어 낸 것이었습니다.

멀쩡해 보이는 AI가 성경에 없는 구절을 "마태복음 5장에 있다"라고 우기거나, 존재하지 않는 신학자의 명언을 인용하며 역사적 사실을 교묘하게 왜곡할 때가 있습니다. 일반 사회에서 이것은 단순한 '오류'나 '해프닝'일 수 있습니다. 하지만 진리(Truth)를 선포하는 강단에서, 생명의 말씀을 다루는 목회자에게, 이것은 단순한 실수가 아니라 '영적인 독(Poison)'이 될 수 있습니다. 만약 AI가 만들어 낸 '가짜 은혜'와 '왜곡된 진리'가 목사님의 설교를 통해 강단에서 흘러 나간다면, 그것은 하나님의 말씀을 혼잡하게 만드는 일이 됩니다.

왜 이런 일이 생길까요? AI는 방대한 데이터를 학습하지만, '이해'하는 것이 아니라 '패턴을 인식'할 뿐입니다. Gemini는 "이사야서에는 메시아 예언이 많다"라는 패턴을 알고 있고, "62장"이라는 숫자가 그럴듯하게 보인다고 확률적으로 판단하여 조합한 것입니다. 마치 꿈속에서 우리가 실제 기억과 상상이 뒤섞인 장면을 보듯, AI도 학습한 데이터의 조각들을 그럴듯하게 조합하다가 사실이 아닌 것을 만들어 내는 것입니다.

특히 목회 현장에서 조심해야 할 환각 유형이 있습니다. 첫째, 성경 구절의 왜곡이나 창작입니다. 장과 절을 틀리게 제시하거나 여러 구절을 섞어서 마치 하나의 구절인 것처럼 제시하는 경우가 있습니다. 둘째, 신학자나 저서의 창작입니다. 실제로 존재하지 않는 학자의 이름을 만들어 내거나 실존 학자의 입장을 왜곡해서 전달하기도 합니다. 셋째, 교회사적 사건의 왜곡입니다. 종교 개혁이나 초대 교회 역사에 대해 물었을 때, 연도나 인물 관계를 잘못 연결하는 경우가 종종 있습니다.

그렇다면 우리는 어떻게 해야 할까요? 사도행전 17장 11절은 베뢰아 사람들에 대해 이렇게 기록합니다. "베뢰아에 있는 사람들은 데살로니가에 있는 사람들보다 더 너그러워서 간절한 마음으로 말씀을 받고 이것이 그러한가 하여 날마다 성경을 상고하므로." 주목할 점은, 베뢰아 사람들이 검증한 대상이 누구였느냐는 것입니다. 바로 사도 바울입니다. 예수님께 직접 부르심을 받은 사도, 성령의 감동으로 성경을 기록한 그 바울의 말씀조차도 베뢰아 사람들은 날마다 상고했습니다. 하물며 AI가 제공한 정보를 비판 없이 받아들이는 것은 얼마나 위험한 일입니까?

저는 이제 Gemini나 NotebookLM을 사용할 때마다 '신학 정보 검증 체크 리스트'를 습관처럼 실천합니다. 여러분께도 이 방법을 권해 드립니다.

첫째, 성경 구절 확인입니다. AI가 인용한 성경 구절은 반드시 직접 성경을 펼쳐서 확인합니다. 장과 절이 정확한지, 문맥이 AI의 설명과 일치하는지 점검합니다. 가능하면 원어 성경이나 여러 번역본을 비교해 보는 것도 좋습니다.

둘째, 신학자와 저서 검증입니다. AI가 인용한 신학자의 이름이나 책 제목은 구글 학술 검색이나 신학 데이터베이스로 실제 존재 여부를 확인합니다. 실존 인물이라 해도 그의 주장을 AI가 정확하게 전달했는지 원문을 찾아보는 것이 좋습니다.

셋째, 교차 검증입니다. 하나의 AI 도구만 믿지 말고, 여러 출처를 비교합니다. Gemini의 답변을 NotebookLM의 Deep Research로 재확인하거나 신뢰할 만한 주석서와 비교해 봅니다.

넷째, 맥락 확인입니다. AI가 제시한 정보가 전체 문맥과 조화를 이루는지 살핍니다. 부분적으로는 맞아도 전체 신학 체계와 어긋나는 경우가 종종 있습니다.

다섯째, 상식 점검입니다. '이사야 62:15'처럼 장의 길이를 넘어서는 절 번호가 나오거나 역사적으로 불가능한 연대 배치가 나온다면 즉시 의심해야 합니다.

정보의 홍수 시대에 목회자의 역할은 더 많은 정보를 제공하는 것이 아니라 올바른 정보를 선별하는 '영적 큐레이터'가 되는 것입니다. Gemini가 100가지 신학적 견해를 제시할 때, 목회자는 우리 교회의 신학적 전통과 성도들의 영적 상태에 가장 적합한 것을 선택하고 해석해 주어야 합니다. 이를 위해 저는 세 가지 필터를 사용합니다. 첫째는 '성경적 필터'입니다. AI가 제시한 내용이 성경 전체의 가르침과 조화를 이루는가? 둘째는 '신학적 필터'입니다. 우리 교단의 신앙 고백과 신학적 전통에 부합하는가? 셋째는 '목회적 필터'입니다. 지금 우리 성도들의 영적 상태에 실제로 도움이 되는가?

이 세 가지 필터를 통과한 정보만을 성도들의 식탁에 올립니다. 분별의 영성은 인공 지능 시대에 목회자가 갖추어야 할 가장 고귀한 전문성입니다. AI가 아무리 똑똑해져도, 밀알과 쭉정이를 가려내는 것은 여전히 목회자의 몫입니다. 환각 현상을 두려워할 필요는 없습니다. 다만 경계하고, 검증하고, 분별하십시오. 베뢰아 사람처럼 날마다 성경으로 상고하는 습관을 들이십시오. 무엇보다 AI의 답변을 받을 때마다 이렇게 기도하십시오. "주님, 이것이 참으로 당신의 뜻입니까? 우리 성도들에게 정말 필요한 것입니까?" 이 기도하는 마음이 바로 분별의 영성의 시작입니다.

3. 개인 정보 보호와 저작권 지침

목회의 생명은 무엇입니까? 바로 '신뢰'입니다. 요즘 AI를 사용한다는 이야기가 교회 안에 퍼지면서, 일부 성도들이 자신의 개인 정보가 어떻게 다뤄지는지 궁금해하고 계셨습니다. 당연한 우려입니다. 목회 사역은 본질적으로 성도들의 가장 깊고 사적인 영역을 다루는 일이기 때문입니다. 성도의 삶은 보호받아야 할 성소입니다. 아무리 AI 기술이 편리하다 해도, 성도들의 신뢰를 저버리고 그들의 사생활을 함부로 다루는 것은 목회자로서 결코 해서는 안 될 일입니다. 이 장에서는 AI를 사용하면서도 성도들의 개인 정보를 안전하게 지키고, 저작권 문제에서도 떳떳할 수 있는 구체적인 지침을 나누고자 합니다.

1) 개인 정보 보호의 원칙

목회 현장에서 AI를 사용할 때 가장 먼저 기억해야 할 원칙은 '성도의 삶은 보호받아야 할 성소'라는 것입니다. 신뢰를 바탕으로 공유된 상담과 기도 제목을 지키는 것이 AI 윤리의 출발점입니다.

① 비식별화 필수

심방 보고서나 상담 일지를 AI로 정리할 때 반드시 지켜야 할 원칙이 '비식별화'입니다. 성도의 이름, 주소, 전화번호, 질병명 등 개인을 특정할 수 있는 정보는 입력 전 삭제하거나 가명 처리해야 합니다. 예를 들어 '김미영 집사님

(53세, OO동 거주, 우울증 진단)'을 그대로 입력해선 안 됩니다. 대신 '중년 여성 성도가 배우자 관계의 어려움으로 정서적 고통을 겪고 있습니다'라고 바꿔야 합니다. 저는 주로 이름을 'A 성도' 같은 코드로, 나이는 '중년' 같은 범주로, 주소나 직장은 '도심 지역' 등으로 일반화하며, 질병명은 '건강 문제' 같은 포괄적 용어로 대체하여 사용합니다.

② 구체성 제한

특히 규모가 작은 교회에서는 사소한 정보로도 개인이 특정될 수 있기에 '구체성 제한'이 중요합니다. '50대 후반 여성 집사님이 아들의 대학 입시 실패로 힘들어 한다'라는 정보를 통해 100명 미만 교회에서는 누구인지 바로 특정할 수 있습니다. 따라서 '중년 성도가 자녀 문제로 힘든 시기를 보냅니다'처럼 일반화해야 합니다. 정보의 정확성이 조금 떨어지더라도 프라이버시가 우선입니다. 저는 항상 '이 프롬프트를 남이 보면 누구인지 알 수 있을까?'라고 자문하며 내용을 점검합니다.

③ 규모가 작은 교회 특별 주의

성도 수가 적은 교회일수록 개인 정보 보호에 더욱 신경 써야 합니다. '30대 남성 청년의 이직 고민' 같은 질문도 위험할 수 있습니다. 이런 경우 개별 사례 질문보다는 '진로 고민이 있는 청년들을 위한 성경적 상담 접근법은 무엇인가요?'처럼 일반적인 원칙을 묻는 것이 안전합니다.

④ 민감 정보는 절대 금지

성범죄, 가정 폭력, 자살 시도 등 극도로 민감한 사항은 비식별화하더라도

AI에 입력해서는 안 됩니다. 이는 전문 상담가나 동료 목회자와 직접 상의해야 할 영역입니다. 또한 아동 학대 신고 의무자로서 미성년자 관련 정보 보호에도 각별히 유의해야 합니다.

2) 건강한 저작권 및 창작 윤리 가이드

① 도구로만 사용하라(Tool, not Author)

AI는 초안 작성자일 뿐입니다. 목사님의 고뇌와 기도가 섞이지 않은 글은 설교가 아니라 '정보 브리핑'입니다. 반드시 다시 쓰고(Re-writing) 다듬으십시오.

② 출처를 밝혀라(Transparency)

AI의 도움을 받았다면, "이 글은 AI의 자료 조사를 참고하여 목회자가 재구성했습니다"라고 밝히는 것이 정직하며 성도들의 신뢰를 얻는 길입니다.

③ 남의 영성을 훔치지 말라

특정 목사님의 스타일을 흉내 내지 마십시오. 대신 그분의 통찰(Insight)과 해석의 관점만을 배워 내 것으로 소화하십시오.

3) 실전 윤리 체크 리스트

이론보다 중요한 것은 실천입니다. 저는 AI 사용 전후에 반드시 다음 체크리스트를 점검합니다. 여러분도 책상에 붙여 두고 습관화하시길 권합니다.

[실전 윤리 체크 리스트]

① 신학적 검증: AI의 주장이 성경 원문 및 교단의 신학적 입장과 일치하는가?

② 개인 정보 보호: 성도의 민감 정보 및 식별할 수 있는 정보가 모두 제거되었는가?

③ 정직성: 자료 생성 과정에 나의 묵상과 연구가 주도적인가?

④ 저작권: 이미지/영상의 출처와 라이선스를 확인했는가?

⑤ 공동체 합의: 교회의 AI 활용 가이드라인을 준수하였는가?

이 체크 리스트는 목회자의 양심과 성도의 신뢰를 지키는 실질적인 방패막입니다.

4) 교회 AI 사용 가이드라인 수립

개인적 실천을 넘어 교회 차원의 공식 가이드라인이 필요합니다. 개교회에서 채택할 수 있는 AI 사용 가이드라인 주요 원칙은 다음과 같습니다.

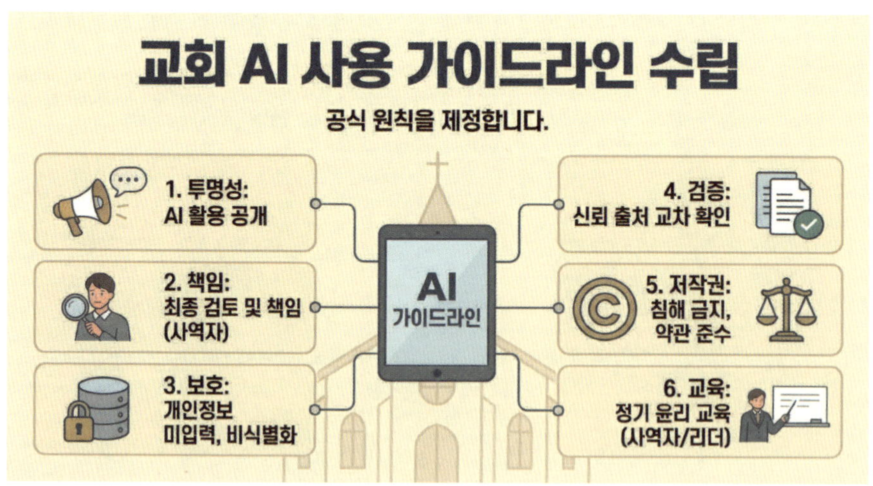

① 투명성 원칙: AI 활용 사실을 적절히 공개한다.

② 책임 원칙: AI 생성 콘텐츠는 반드시 목회자가 검토하며, 최종 책임은 사역자에게 있다.

③ 보호 원칙: 성도의 개인 정보는 입력하지 않으며, 목회 사례는 비식별화한다.

④ 검증 원칙: AI가 제시한 정보는 신뢰할 만한 출처로 교차 확인한다.

⑤ 저작권 원칙: 타인의 저작권을 침해하지 않으며 서비스 이용 약관을 준수한다.

⑥ 교육 원칙: 사역자와 평신도 리더에게 정기적인 윤리 교육을 실시한다.

5) 다음 세대를 위한 윤리 교육

AI 윤리는 다음 세대에게도 필수적입니다. 우리 교회는 청년부를 대상으로 'AI와 신앙' 세미나를 열어 정보 윤리, 딥페이크, 진실성 등을 주제로 토론합니다. 단순히 금지하는 것이 아니라 '하나님께서 기뻐하시는 기술 사용법'을 함께 고민할 때 청년들은 교회를 신뢰합니다. 주일 학교에서는 '예수님이라면 AI를 어떻게 쓰실까?' 같은 질문으로 정직과 책임의 가치를 가르칩니다.

6) 윤리적 AI 사용, 두려움이 아닌 책임으로

이 모든 원칙이 부담스럽게 느껴지시나요? 하지만 우리는 이미 한 영혼을 다루는 막중한 책임을 지고 있습니다. AI 윤리는 그 책임을 디지털 시대로 확장한 것뿐입니다. 운전자가 교통 법규를 지키듯, 목회자가 AI 윤리를 지키는 것은 전문가로서의 성숙함입니다. 십계명이 자유를 위한 울타리이듯, 윤리 원칙은 우리 사역을 안전하게 지키는 성벽입니다.

기술은 차갑지만, 사역은 뜨거워야 합니다. AI는 도구일 뿐 심장을 대신할 수 없습니다. 디지털 동역자를 곁에 두되, 목사님의 무릎은 언제나 기도의 자리에, 눈은 성도를 향해 있기를 바랍니다. 정직과 책임, 하나님을 경외하는 마음으로 AI를 사용할 때, 이는 하나님 나라를 확장하는 강력한 도구가 될 것입니다.

제2부

소통의 언어
: PASTOR 프롬프트 공식

사역의 본질을 지키고 그 본질에 더욱 집중하기 위해, 우리는 역설적으로 이 기술을 적극적으로 배워야 합니다. 2부에서는 목사님의 마음과 AI의 능력을 연결해 주는 구체적인 소통의 언어, 'PASTOR 프롬프트'에 대해 본격적으로 알아보겠습니다.

1부에서 사역의 본질과 철학을 다졌다면, 2부에서는 AI와 소통하는 구체적인 '방법'을 익힐 차례입니다. 그 첫 단추는 바로 '프롬프트(Prompt)'입니다. 프롬프트는 단순한 질문이 아닙니다. 이는 AI에게 우리가 원하는 바를 정확히 전달하는 '작업 지시서'입니다. 좋은 프롬프트를 작성하는 것과 그렇지 못한 것의 차이는, 숙련된 목수가 정확한 설계도를 보고 가구를 만드는 것과 대충 "의자 비슷한 것을 만들어 달라"고 요청하는 것의 차이만큼이나 큽니다.

PASTOR PROMPT 프레임워크

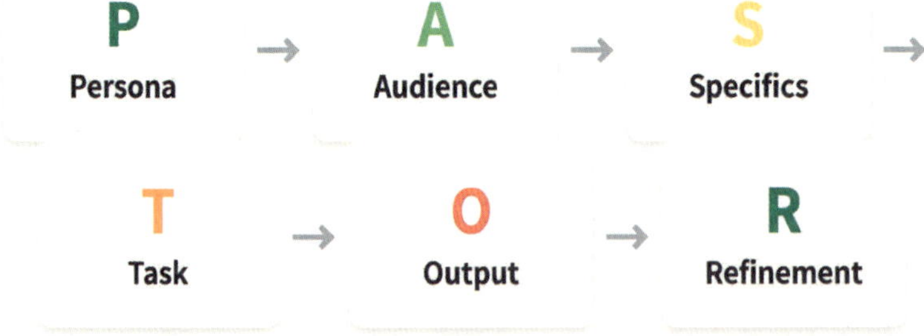

제3장
프롬프트, AI에게 말 거는 법

AI 활용 강의를 다니며 목사님들께 가장 많이 듣는 하소연입니다. 기대하는 마음으로 "이번 주 주일 설교 써 줘"라고 입력했는데, 돌아온 대답이 밋밋하고 영혼 없는 텍스트 덩어리였다면 실망하는 것이 당연합니다. 하지만 죄송

하게도 쓴소리를 먼저 해야겠습니다. 그것은 AI의 실력이 부족해서가 아닙니다. 목사님의 '작업 지시'가 불분명했기 때문입니다.

우리는 흔히 Gemini의 입력창을 '검색창'으로 착각합니다. 포털 사이트에 검색하듯 단어 몇 개만 던져 놓고, AI가 내 마음속 의도를 정확히 파악하여 완벽한 결과물을 내놓기를 기대합니다. 그러나 생성형 AI는 검색 엔진이 아닙니다. 이것은 백지 위에 새로운 그림을 그려 내는 '생성 도구'이며, 목사님의 지시에 따라 움직이는 '신임 부교역자'와 같습니다.

1. 검색(Search)과 지시(Direction)의 차이

이 차이를 이해하는 것이 AI 활용의 핵심입니다. 포털 사이트에 '부활절 설교 예화'라고 검색할 때, 우리는 이미 존재하는 웹 페이지 정보를 '찾는(Find)' 행위를 합니다. 이때는 키워드만 잘 입력하면 됩니다.

하지만 AI에게 말을 걸 때는 정보를 찾는 것이 아니라 AI에게 어떤 작업을 '수행(Do)'하도록 시키는 것입니다. 새로 부임한 전도사님에게 일을 맡길 때를 떠올려 보십시오. 만약 "전도사님, 부활절 준비하세요"라고 딱 한마디만 던진다면 어떻게 될까요? 그 전도사님은 큰 혼란에 빠질 것입니다. '예산은 얼마지?' '대상은 주일 학교인가 장년인가?' '칸타타를 하라는 건가, 계란 나누기를 하라는 건가?' 혼자 고민하다가 엉뚱한 기획안을 가져올 확률이 높습니다.

AI도 마찬가지입니다. "설교 써 줘"라는 말은 "부활절 준비해"라는 말만큼이나 막연합니다. 좋은 결과물을 얻으려면 좋은 작업 지시서, 즉 '좋은 프롬프트'가 필요합니다.

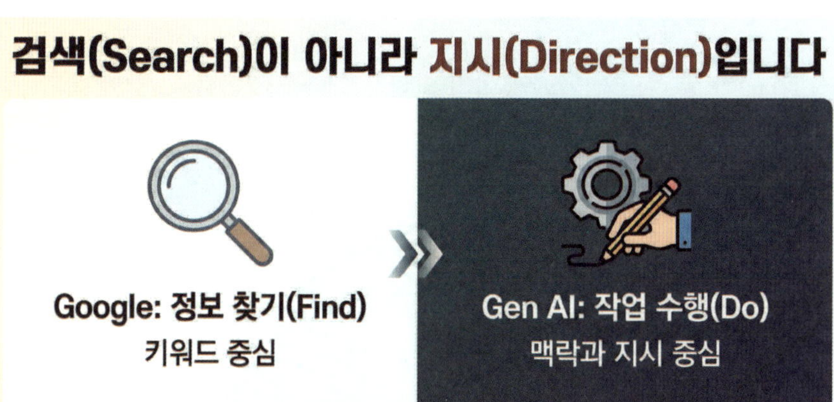

2. 프롬프트는 '대화'가 아니라 '작업 지시서'입니다

'프롬프트'라는 용어가 낯설게 느껴질 수 있습니다. 쉽게 말해 'AI에게 주는 업무 매뉴얼'이라고 생각하면 됩니다. 사역 현장에서 소위 '일 잘하는 목사님' 들은 부교역자나 간사에게 지시할 때 매우 구체적입니다.

- 나쁜 지시: "이번 수련회 포스터 좀 멋지게 만들어 봐."
- 좋은 지시: "김 간사, 이번 청년부 수련회 포스터를 만들어 주세요. 주제는 '회복'이고, 타겟은 2030 직장인입니다. 너무 화려하지 않게 차분한 파스텔 톤을 사용해 주시고, 반드시 일시와 장소, 그리

고 회비 3만 원이라는 정보를 하단에 잘 보이게 넣어 주세요. 사이즈는 인스타그램용 1:1 비율입니다.”

후자처럼 지시하면 김 간사는 고민할 시간 없이 바로 작업에 착수할 수 있고, 결과물도 목사님의 의도와 거의 일치하게 나올 것입니다. AI에게도 이렇게 말해야 합니다. 이것이 바로 ‘작업 지시서로서의 프롬프트’입니다. 질문의 디테일이 살아 있을수록 AI는 목사님의 목회 철학을 정확하게 반영한 ‘맞춤형 비서’가 됩니다.

3. GIGO 원칙: 양질의 질문이 양질의 응답을 만든다

컴퓨터 공학에는 ‘GIGO(Garbage In, Garbage Out)’라는 격언이 있습니다. ‘쓰레기를 넣으면 쓰레기가 나온다’라는 뜻입니다. 저는 이것을 목회적 언어로

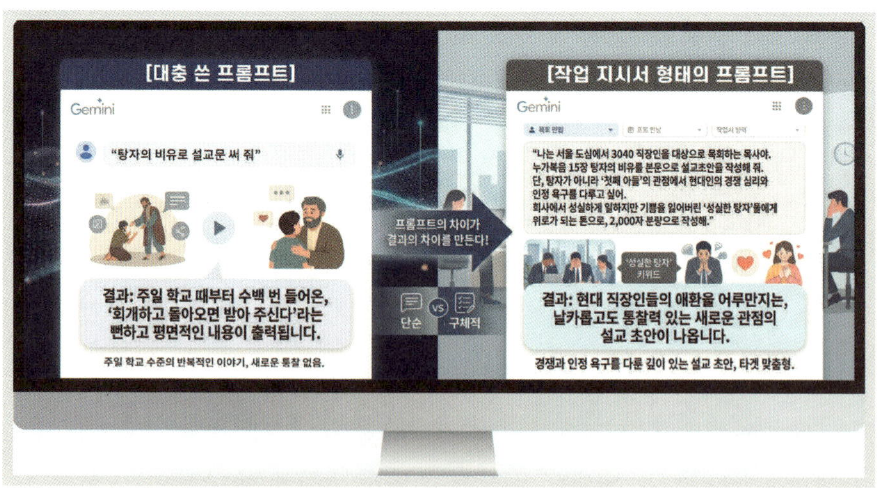

바꾸어 'QIQO(Quality In, Quality Out)', 즉 '양질의 질문이 양질의 응답을 만든다'라고 표현하고 싶습니다.

목사님이 AI에게 대충 질문하면 AI도 대충 대답합니다. 이는 AI가 게을러서가 아니라 확률적으로 가장 무난하고 일반적인 답변을 내놓도록 설계되었기 때문입니다. 목사님만의 고유한 색깔과 깊이가 담긴 결과물을 원하신다면, 프롬프트에 그만큼의 정성과 정보를 담아야 합니다.

[대충 쓴 프롬프트] "탕자의 비유로 설교문 써 줘."
결과: 주일학교 때부터 수백 번 들어온, '회개하고 돌아오면 받아 주신다'라는 뻔하고 평면적인 내용이 출력됩니다.

[작업 지시서 형태의 프롬프트] "나는 서울 도심에서 3040 직장인을 대상으로 목회하는 목사야. 누가복음 15장 탕자의 비유를 본문으로 설교 초안을 작성해 줘. 단, 탕자가 아니라 '첫째 아들'의 관점에서 현대인의 경쟁 심리와 인정 욕구를 다루고 싶어. 회사에서 성실하게 일하지만 기쁨을 잃어버린 '성실한 탕자'들에게 위로가 되는 톤으로, 2,000자 분량으로 작성해."
결과: 현대 직장인들의 애환을 어루만지는, 날카롭고도 통찰력 있는 새로운 관점의 설교 초안이 나옵니다.

입력하는 수고가 조금 더 들어가면 출력되는 결과물의 차원이 달라집니다. 이것이 바로 질문의 기술입니다.

4. 사역의 질을 높이는 '구체성의 힘'

결국 AI 활용 능력은 '코딩' 능력이 아니라 '언어' 능력이자 '소통' 능력입니다. 평소 성도들, 동역자들과 명확하고 따뜻하게 소통하려 노력하셨던 목사님이라면 AI도 금방 잘 다루실 수 있습니다. 목사님의 머릿속에 있는 귀한 영적 통찰들을 AI가 이해할 수 있는 언어로 번역해 주는 과정, 그것이 프롬프트 엔지니어링의 본질입니다.

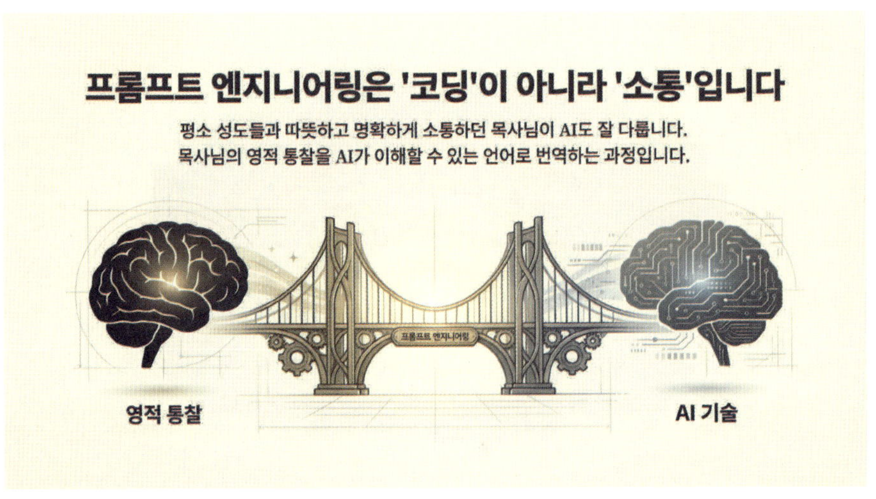

"알아서 잘해 줘"라는 말은 AI 세계에서는 통하지 않습니다. '누구에게, 어떤 목적으로, 어떤 형식으로, 어떤 톤으로 말해야 하는지'를 하나하나 짚어 주는 수고로움이 사역의 디테일을 살리고, 결국 사역의 질을 결정합니다.

이제 막연하게 질문하는 것을 멈추고 구체적으로 작업 지시를 내릴 준비가 되셨습니까? 다음 장에서는 구체적으로 어떤 순서로, 어떤 요소들을 포함해서 지시해야 하는지에 대해 제가 이름을 붙인 만능 공식 'PASTOR 프롬프트' 기법을 소개해 드리겠습니다. 이 공식만 알면 목사님은 더 이상 AI 앞에서 머뭇거리지 않게 되실 것입니다. 프롬프트 작성은 기술이 아니라 습관입니다. 몇 번만 연습하면 구체적으로 생각하고 명확하게 요청하는 습관이 몸에 밸 것이며, 그 순간 AI는 목사님의 가장 똑똑한 동역자가 될 것입니다.

제4장
PASTOR 공식의 6가지 원리

지난 장에서 우리는 프롬프트가 'AI에게 주는 작업 지시서'라는 것과 구체성의 중요성을 배웠습니다. 하지만 매번 '무엇을 구체적으로 써야 하지?'라고 고민하다 보면 시간만 흐릅니다. 그래서 저는 목회 현장에서 수백 번의 시행착오를 거쳐 하나의 공식을 만들었습니다. 바로 'PASTOR' 입니다. 이 여섯 글자는 각각 프롬프트 작성의 핵심 요소를 나타냅니다.

P(Persona): AI에게 역할 부여하기

A(Audience): 독자를 명확히 하기

S(Specifics): 구체적 조건 설정하기

T(Task): 작업 유형 정의하기

O(Output): 결과물 형식 지정하기

R(Refinement): 반복 수정으로 완성도 높이기

이 공식을 익히면 더 이상 'AI에게 뭐라고 말해야 하지?'라며 막막해하지 않게 됩니다. PASTOR 공식은 체크 리스트처럼 작동하여, 여섯 가지 요소를 하나씩 채워 가다 보면 어느새 완벽한 프롬프트가 완성됩니다. 이제 여섯 가지 원리를 하나씩 자세히 살펴보겠습니다.

1. P(Persona): AI에게 역할 부여하기

AI는 '천의 얼굴을 가진 배우'입니다. 어떤 역할을 주느냐에 따라 완전히 다른 사람이 됩니다. "너는 지금부터 20년 경력의 강해 설교 전문가야"라고 역할을 부여하는 순간, AI의 답변 스타일은 완전히 바뀝니다. 신학적 깊이가 더해지고 원어 분석이 들어가며 전문적인 조언이 나옵니다. 반대로 "너는 주일 학교 아이들과 대화하는 친근한 선생님이야"라고 하면, 어려운 신학 용어 대신 쉬운 비유를 사용하여 아이들의 눈높이에 맞춥니다.

1) 역할이 없으면 평범한 답만 나온다

페르소나를 지정하지 않으면 AI는 '중립적이고 평범한' 답변 모드로 작동합

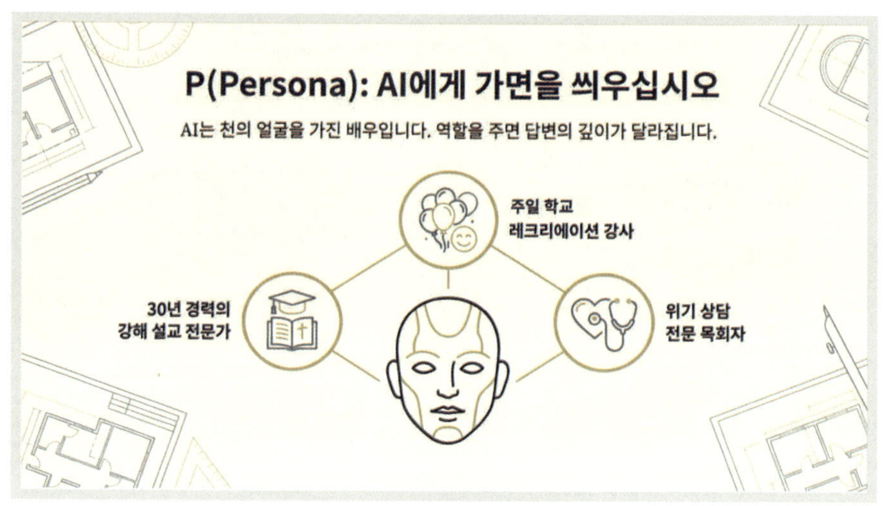

니다. 예를 들어 "사랑에 대한 설교 예화를 들려줘"라고 물으면, 선한 사마리아인이나 탕자의 비유 같은 뻔한 이야기를 나열합니다. 하지만 "당신은 현대 문화를 잘 이해하는 청년 사역 전문가입니다. 2026년 청년들이 공감할 수 있는 사랑에 대한 현대적 예화를 3가지 들려주세요"라고 요청하면 결과는 달라집니다. 구독 경제 시대의 관계, 소셜 미디어의 좋아요 문화 등 시대에 맞는 예화를 제시합니다. '청년 사역 전문가'라는 역할이 답변을 완전히 바꿔 놓은 것입니다.

2) 실전 페르소나 예시

- 신학 및 설교: "30년 경력의 강해 설교 전문가", "개혁주의 조직 신학 교수", "성경적 예화를 잘 풀어내는 스토리텔러"
- 목회 상담: "위기 상담 전문 목회자", "경청과 질문의 대가인 전문 상담사", "심방 경험이 풍부한 따뜻한 목사님"

- 교육 및 세대별 사역: "어린이 눈높이 주일 학교 교사", "MZ세대 소통 전문가", "시니어 사역 교육 전문가"
- 행정 및 기획: "교회 행정 실무 전문가", "프로젝트 관리 전문가", "교회 행사 기획 전문가"

3) 페르소나 작성 팁

- 구체적일수록 좋다: "전문가"보다 "30년 경력의 강해 설교 전문가"가 낫습니다.
- 여러 역할을 결합하라: "개혁주의 신학자이자 현대 문화를 잘 이해하는 청년 사역자"처럼 결합하면 깊이와 감각을 동시에 얻을 수 있습니다.
- 성격이나 어조 지정: "따뜻하고 공감 능력이 뛰어난", "엄격하고 학문적인" 등의 표현을 활용하십시오.

2. A(Audience): 독자를 명확히 하기

1) 같은 말씀, 다른 청중

설교자라면 같은 본문이라도 청중에 따라 전달 방식이 달라진다는 것을 압니다. AI도 청중이 누구인지 알려 주지 않으면 '평균적인 성인'을 대상으로 답변합니다. "이 설교는 최근 이혼 위기를 겪고 있는 40대 부부들을 위한 것입니다"라고 명시하면, AI는 그 상황에 맞는 예화와 위로의 메시지를 선택합니다.

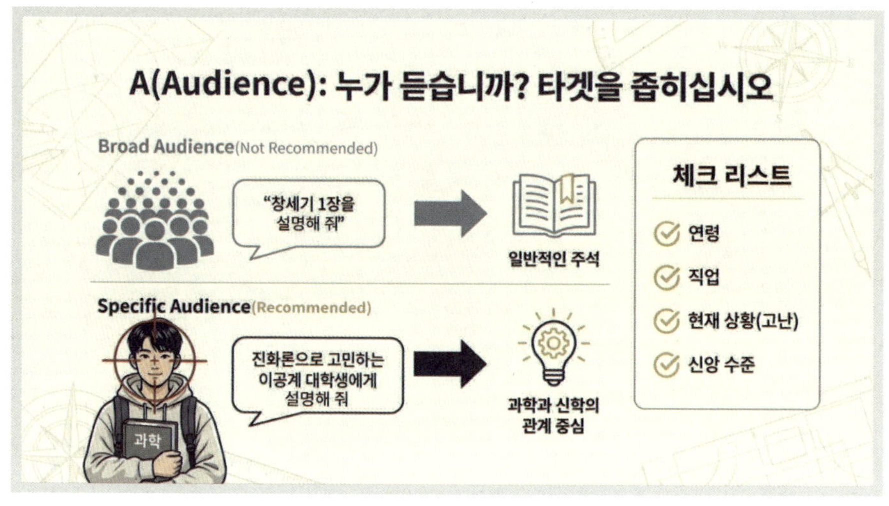

2) 청중의 여러 차원

청중을 설정할 때는 다음 차원을 고려해야 합니다.

- 연령대: 유치부, 청소년, 청년, 장년 등
- 신앙 수준: 초신자, 성숙한 신자, 중직자 등
- 삶의 상황: 직장인, 주부, 은퇴자, 고난 중에 있는 사람 등
- 영적 상태: 열정적인 사람, 회의에 빠진 사람 등
- 교육 수준: 신학적 지식 유무 등

3) 실전 예시 비교

- 청중 지정 없음: "창세기 1장 설명해 줘." → 일반적인 주석 수준의 설명.
- 어린이 대상: "어린이 사역 전문가로서 초3 아이들에게 설명해 줘." → 레고 비유 등 쉬운 설명.

- 이공계 대학생 대상: "진화론과 신앙의 갈등을 겪는 이공계 대학생에게 설명해 줘." → 과학과 신학의 관계, 해석의 차이 등을 다룸.

4) 청중 작성 팁

- '누구를 위한 것인가?'를 먼저 물으라.
- 너무 넓게 잡지 마라: "모든 성도"보다 "40대 직장인 성도"가 더 날카로운 메시지를 만듭니다.
- 구체적 필요 언급: "자녀 문제로 고민하는 중년 성도"처럼 구체적 상황을 추가하십시오.

3. S(Specifics): 구체적 조건 설정하기

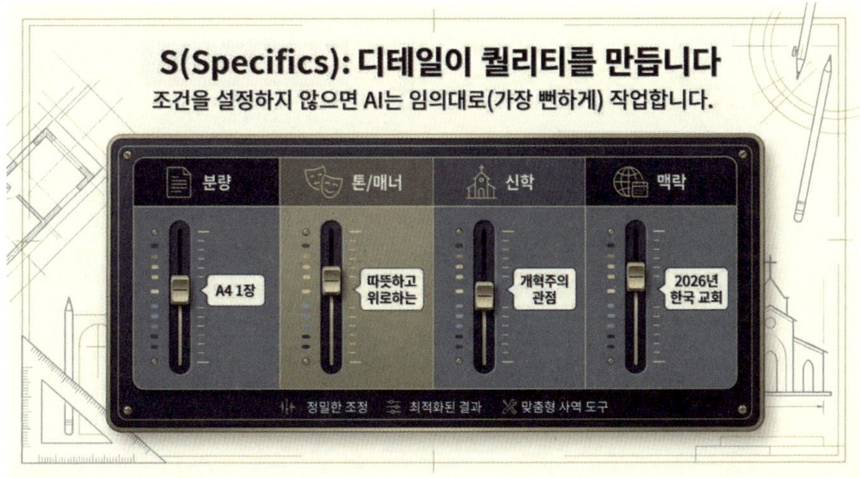

1) 디테일이 퀄리티를 만듭니다

Specifics는 PASTOR 공식의 핵심으로, 분량, 톤, 포함/제외 요소 등 세부 조건을 지정하는 단계입니다. 이를 명확히 하지 않으면 AI는 임의대로 작업합니다. 조건을 잘 설정하면 추가 수정이 거의 필요 없는 결과물을 얻을 수 있습니다.

2) 설정해야 할 주요 조건들

- 분량: "A4 1장", "3분 스피치 길이", "1,500자 내외"
- 톤과 스타일: "따뜻하고 위로하는", "권위 있고 학술적인", "친근한 대화체"
- 포함 요소: "성경 구절 3개 이상", "현대적 예화 1개", "통계 자료"
- 제외 요소: "어려운 신학 용어", "진부한 비유"
- 구조: "서론-본론(3포인트)-결론", "기승전결"
- 신학적 관점: "개혁주의 관점", "복음주의 신학"
- 문화적 맥락: "한국 교회 상황에 맞춰서", "2026년 현재 시점"

3) 실전 Specifics 예시

- 설교 개요 요청: "분량은 1,500자 내외, 구조는 서론-본론(3포인트)-적용-결론, 각 포인트마다 현대적 예화 1개와 성경 구절 포함, 톤은 따뜻하고 격려하는 톤, 개혁주의 신학 관점에서 작성해 주세요."
- 심방 기도문 요청: "2~3분 길이, 감사-간구-축복 구조, 실직 상황과 재정적 필요 언급, 추상적 표현 제외, 진심 어린 공감과 위로의 톤으로 작성해 주세요."

4) Specifics 작성 팁

- 체크 리스트 활용: 분량, 톤, 포함/제외 요소 등을 습관적으로 체크하십시오.
- 처음에는 많이, 나중에는 적게: 초기에는 상세히 적고, 익숙해지면 필수 조건 위주로 간결하게 작성하십시오.
- 예시 제공: "이런 스타일로 써 줘"라며 기존 문서를 예시로 보여주는 것도 효과적입니다.

4. T(Task): 작업 유형 정의하기

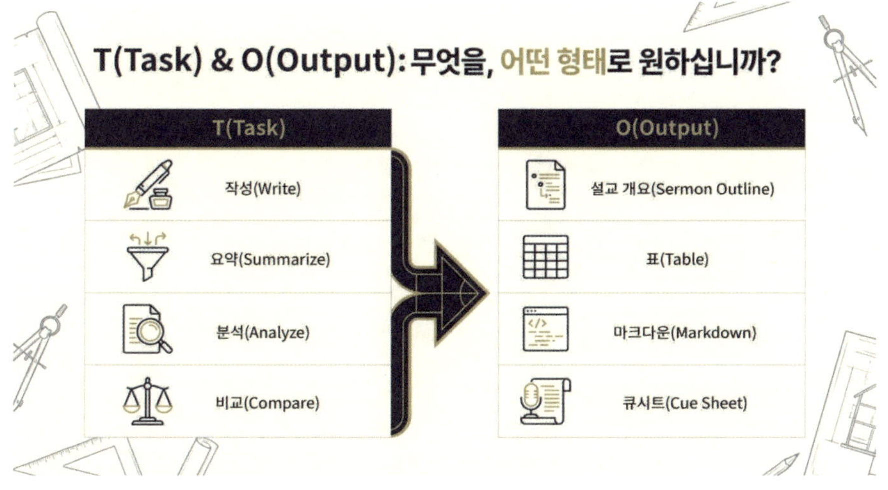

1) AI에게 무엇을 시킬 것인가

Task는 "작성해 줘", "요약해 줘", "분석해 줘" 등 AI가 수행해야 할 핵심 동작을 정의합니다. "이거 좀 도와줘" 같은 모호한 표현 대신 명확한 동사를 사용해야 합니다. "로마서 8장에 대해 알려 줘"보다는 "로마서 8장의 신학적 핵심을 3가지로 정리해 줘"가 훨씬 명확합니다.

2) 주요 Task 유형

- 작성(Write): 설교 개요, 기도문, 칼럼 등 창작
- 요약(Summarize): 논문, 책, 회의록 요약
- 분석(Analyze): 본문 분석, 원어 분석, 데이터 분석
- 비교(Compare): 신학적 입장, 성경 번역본 비교
- 제안(Suggest): 행사 아이디어, 프로그램 기획안 제안
- 질문 생성(Generate Questions): 소그룹 토론 질문, 성경 공부 질문
- 변환(Convert): 어려운 용어를 쉬운 말로, 문어체를 구어체로 변환

3) Task 작성 팁

- 동사를 명확히 하라: 구체적인 명령어를 사용하십시오.
- 한 번에 하나의 Task만: 여러 작업을 섞지 말고 단계별로 요청하십시오.
- 최종 목표 명시: "설교 예화로 사용할 수 있도록 작성해 줘"처럼 사용 목적을 밝히십시오.

5. O(Output): 결과물 형식 지정하기

1) 형식이 사용성을 결정한다

Output은 결과물의 형태를 지정하는 단계입니다. "청년 전도 축제 준비 사항을 알려 줘"라고 하면 긴 줄글이 나오지만, "체크 리스트 형식으로 정리해

줘"라고 하면 바로 사용할 수 있는 목록이 나옵니다.

2) 자주 사용하는 Output 형식

- 번호 매긴 목록 / 글머리 기호: 순서가 있거나 항목을 나열할 때
- 표(Table): 비교, 대조, 정리가 필요할 때
- 대화 스크립트: 상담, 전화 응대, 시뮬레이션
- 단계별 가이드: 절차나 프로세스 설명
- 이메일/편지 형식: 발송용 문서
- PPT 슬라이드 개요: 발표 자료 구성

3) Output 지정 팁

- 형식을 명확히: "표로", "대화체로", "체크 리스트로" 등을 명시하십시오.
- 구조 상세 요청: "번호를 매긴 목록으로 하되, 각 항목 아래 2~3줄 설명을 추가해서"처럼 구체화하십시오.
- 복사–붙여 넣기 고려: 바로 사용할 수 있는 형태를 요청하면 후속 작업이 줄어듭니다.

6. R(Refinement): 반복 수정으로 완성도 높이기

1) 첫술에 배부를 수는 없다

AI의 첫 답변은 '초안'입니다. Refinement는 후속 프롬프트를 통해 결과물을 다듬는 과정입니다. 사람과 협업할 때 피드백을 주고받듯, AI에게도 수정 요

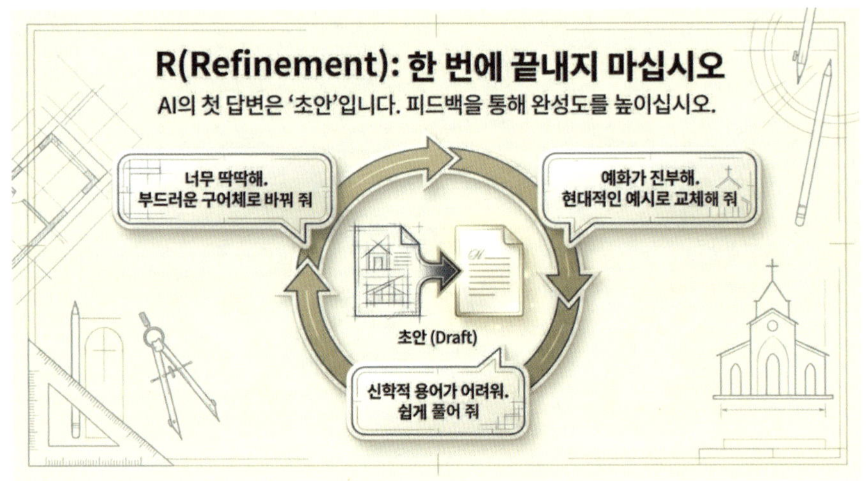

청을 해야 합니다. AI와 티키타카를 통해서 목사님이 원하시는 결과를 얻을 수 있습니다. AI를 단 한 번의 요청으로 원하는 결과를 얻는 '도깨비 방망이'처럼 대하지 않아야 합니다.

2) 주요 수정 유형

- 부분 수정: "두 번째 포인트만 구체적으로 바꿔 줘."
- 톤/길이 조정: "너무 딱딱하니 부드럽게", "핵심만 남기고 줄여 줘."
- 추가/삭제: "성경 구절 추가해 줘", "진부한 예화는 빼 줘."
- 단순화/구체화: "초등학생도 이해하게 쉽게", "더 구체적인 예시를 들어 줘."

3) 실전 대화 예시

- 1차: 설교 개요 요청 → AI 답변

- 2차(Refinement): "서론을 줄이고, 본론 첫 번째 포인트에 '가지치기' 설명을 깊게 다뤄 주세요. 예화도 하나 추가해 주세요." → 수정된 답변

- 3차(Refinement): "결론에 실천 가능한 적용점 3가지를 넣어 주세요." → 최종 완성

4) Refinement 팁

- 긍정적 피드백: "좋은데 이 부분만 고쳐 줘"라고 구체적으로 지적하십시오.

- 한 번에 하나씩: 너무 많은 수정을 동시에 요구하지 마십시오.

- 이유 설명: "성도들에게 너무 어려우니 쉽게 바꿔 줘"라고 이유를 말하면 더 정확히 수정합니다.

7. PASTOR 공식 적용 예시: 한눈에 보기

1) 상황: 부활절 특별 새벽 기도회를 위한 기도문 작성

2) 완성 프롬프트:

- 당신은 영성 깊은 목회자입니다. (P)

- 다음 주 부활절 특별 새벽 기도회에서 200명 정도의 장년 성도들을 대상으로 (A) 인도 기도를 드리려고 합니다. (T)

- 다음 조건으로 기도문을 작성해 주세요. (S)
  - 분량: 3~4분 낭독 길이

- 구조: 찬양-고백-간구-축복 순서
    - 톤: 엄숙하면서도 부활의 기쁨이 느껴지는 톤
    - 포함: 예수님의 고난과 부활, 새 생명, 우리 교회의 부흥을 위한 간구
    - 제외: 너무 추상적인 표현은 피하고 구체적으로
- 기도문 형식으로 작성해 주세요. (O) "하늘에 계신 아버지"로 시작하고, "예수님의 이름으로 기도합니다, 아멘"으로 마무리해 주세요.
- (첫 버전을 받은 후 수정이 필요하면 말씀드리겠습니다.) (R)

8. PASTOR 공식 활용 팁

- 모든 요소를 다 쓸 필요는 없습니다: 간단한 요청은 P, T, O만 써도 충분합니다.
- 템플릿을 만드세요: 자주 쓰는 프롬프트(설교, 칼럼 등)는 저장해 두고 내용만 바꿔 쓰십시오.
- AI에게 물어보세요: "좋은 결과물을 위한 프롬프트를 PASTOR 공식에 맞춰 작성해 줘"라고 요청할 수 있습니다.
- 기록해 두세요: 좋은 결과를 얻은 프롬프트는 나중을 위해 기록해 두십시오.

이제 PASTOR 공식의 6가지 원리를 모두 배웠습니다. 처음에는 번거로울 수 있지만, P(페르소나)와 A(청중)만 명확히 해도 큰 차이를 느낄 것입니다. 점

차 S, T, O를 추가하고 R을 통해 완성도를 높여 가십시오. 다음 장에서는 이 공식을 실제 목회 현장에 적용한 50가지 실전 프롬프트 예시를 통해 설교, 행정, 상담 등 다양한 영역에서의 활용법을 확인해 보겠습니다.

제5장
실전 사역 PASTOR 프롬프트 50선

5장은 PASTOR 공식을 활용한 프롬프트를 사역 현장별로 50개 제시하며, 다음과 같이 5개 섹션으로 구성됩니다. 설교 준비(1~10), 목회 행정(11~20), 교육 및 양육(21~30), 상담 및 돌봄(31~40), 미디어 및 소통(41~50).

이 50가지 예시는 제가 수많은 시행착오 끝에 정립한 사역의 정수입니다. 단순히 AI에게 일을 시키는 것이 아니라 목사님의 영성과 AI의 지성이 만나 '동역'하는 접점을 경험하게 될 것입니다. 물론, 모든 프롬프트를 다 외울 필요는 없습니다. 필요한 것을 찾아서 사용하시고, 점차 목사님만의 프롬프트 라이브러리를 구축해 가시기 바랍니다.

1. 설교 준비(1-10): 말씀의 깊이를 더하는 통찰

설교는 목회자의 심장입니다. 하지만 매주 돌아오는 주일은 때로 거룩한 부담감이 되어 우리를 짓누르기도 합니다. AI를 '신학 교수'와 '스토리텔러'로 임명하여 말씀의 숲을 더 깊이 탐험해 보십시오.

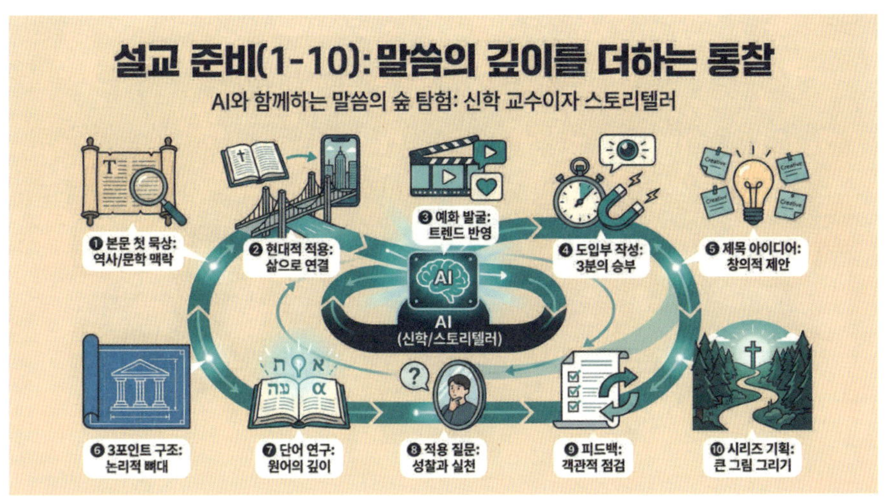

1) 설교 본문 첫 묵상: 신학적 지평의 확장

주석을 펼치기 전, 본문의 역사적, 문학적 맥락을 조망하는 것은 매우 중요합니다. AI에게 전문적인 신학적 안목을 요구하세요.

PASTOR 프롬프트 예시

P(Persona): 헬라어와 히브리어 원어에 정통한 성경 신학 교수

A(Audience): 깊이 있는 주해를 바탕으로 설교를 준비하는 목회자

S(Specifics): 본문: [성경책 ○장 ○절], 역사적 배경, 문학적 장르, 핵심 메시지, 문맥적 연결 포함. 한글 1,500자 내외

T(Task): 본문 분석 및 메시지 요약

O(Output): 분석 에세이와 핵심 포인트 요약 표

R(Refinement): 특정 신학 학파(예: 개혁주의)의 관점 추가 요청 가능

"당신은 성경 신학 교수입니다. 설교를 준비하는 목회자를 위해 [성경 ○장 ○절]의 첫 묵상을 도와주세요. 이 본문의 역사적 배경과 문학적 장르를 설명하고, 당시 청중이 이해했을 핵심 메시지가 무엇인지 분석해 주세요. 또한 본문 전후 문맥과의 연결 관계를 포함해 1,500자 내외로 정리해 주세요. 핵심 포인트는 표로 구분해 주시고, 필요하면 더 깊은 해석이나 다른 학파의 견해를 추가로 요청할 수 있도록 해 주세요."

2) 현대적 적용점 발굴: 성도의 삶으로 배달하기

강단 위의 말씀이 성도들의 삶과 분리되지 않도록, 현대적 고민과 잇는 작업이 필요합니다.

PASTOR 프롬프트 예시

P(Persona): 임상 목회 경험이 풍부한 교육 전문가

A(Audience): 2026년 대도시에서 치열하게 살아가는 [연령대/직업] 성도

S(Specifics): 적용 본문: [성경 본문], 현대인의 실존적 고민과 연결된 3~5가지 실천 방안

T(Task): 메시지의 현실적 행동 전환

O(Output): 번호가 매겨진 리스트 형식

R(Refinement): 특정 상황(예: 실직, 육아 스트레스 등)에 맞춘 심화 요청

"당신은 목회 현장에서 풍부한 경험을 가진 교육 전문가입니다. [성경 본문]의 핵심 메시지를 2026년 대한민국 도시 교회 성도, 특히 [연령대/직업]에게 적용할 수 있는 방법을 찾고자 합니다. 현대인이 실제로 겪는 고민과 연결해 3~5가지 구체적 실천 방안을 제안해 주세요. 각 적용점은 이번 주에 바로 실행할 수 있는 행동으로 제시해 주세요. 필요하면 특정 연령대나 상황을 고려한 추가 적용점을 요청하겠습니다."

3) 설교 예화 발굴: 세상 속의 복음 발견

복잡한 교리도 적절한 예화 하나면 성도들의 가슴에 선명하게 새겨집니다. 최신 트렌드를 반영한 예화를 요청하세요.

PASTOR 프롬프트 예시

P(Persona): 따뜻한 감성과 날카로운 통찰을 가진 스토리텔러

A(Audience): 메시지를 직관적으로 이해하고 싶어 하는 성도들

S(Specifics): 주제: [설교 주제], 최근 2~3년 내의 영화, 뉴스, 사회 현상 등 5가지 사례

T(Task): 주제와 연결된 예화 추천

O(Output): 예화와 연결 포인트가 담긴 요약 표

R(Refinement): 특정 장르나 더 감동적인 사례로 교체 요청

"당신은 설교 준비를 돕는 스토리텔러입니다. [설교 주제]를 다루는 설교에서 사용할 수 있는 예화를 찾고자 합니다. 최근 2~3년 내에 나온 영화, 드라마, 뉴스, 사회 현상 중에서 이 주제와 자연스럽게 연결될 수 있는 사례 5가지를 제안해 주세요. 각 예화를 어떻게 설교에 녹여낼 수 있을지 간단한 연결 방법도 함께 알려 주세요. 필요하다면 사례 수를 늘리거나 특정 장르의 예화를 추가 요청 드릴 수 있습니다."

4) 설교 도입부 작성: 3분의 승부

청중의 주의력을 사로잡는 오프닝은 설교의 절반을 성공시킨 것과 같습니다.

P(Persona): 청중의 심리를 꿰뚫는 대중 연설 코치

A(Audience): 다양한 연령대와 영적 수준을 가진 성도 전체

S(Specifics): 본문: [본문], 스타일 3종(질문, 이야기, 현장 경험), 각 2~3분 분량

T(Task): 몰입감 있는 도입부 아이디어 생성

O(Output): 3가지 아이디어와 스타일별 특징 설명

R(Refinement): 어조를 더 장엄하게 혹은 부드럽게 조정 요청

"당신은 대중 연설 코치입니다. [본문]을 다루는 설교의 도입부를 구성하고자 합니다. 청중의 관심을 즉시 끌면서도 본문의 핵심 주제로 자연스럽게 이어지는 방법을 3가지 스타일(질문형, 이야기형, 현장 경험

형)으로 제안해 주세요. 각 도입은 2~3분 분량을 목표로 하고, 각 스타일의 특징을 간단히 설명해 주세요. 필요하면 특정 스타일의 길이나 어조를 조절하도록 요청할 수 있습니다."

5) 설교 제목 브레인스토밍: 메시지의 첫인상

주보를 펼친 성도들의 마음을 설레게 할 창의적인 제목을 제안 받으세요.

PASTOR 프롬프트 예시

P(Persona): 본질을 한 줄로 요약하는 창의적 카피라이터

A(Audience): 주보와 SNS를 통해 설교를 접하는 모든 성도

S(Specifics): 본문: [본문], 호기심과 영적 갈급함을 자극하는 10가지 제목

T(Task): 설교 제목 후보군 생성

O(Output): 제목 리스트와 각 제목의 마케팅적/목회적 효과 설명

R(Refinement): "조금 더 역설적인 제목으로 만들어 줘"와 같은 피드백

실전 프롬프트

"당신은 창의적인 카피라이터입니다. [본문]을 중심으로 한 설교의 제목을 10가지로 브레인스토밍 해 주세요. 각 제목은 본문의 핵심 메시지를 담아야 하며 청중의 호기심을 자극하고 기억에 남을 만해야 합니다. 각 제목이 왜 효과적인지 간단히 설명해 주세요. 필요하면 제목의 어조나 길이를 조정하고 추가 버전을 요청할 수 있습니다."

6) 3포인트 설교 구조: 논리적 뼈대 세우기

귀에 쏙쏙 들어오는 대지 구성은 성도들이 말씀을 집에 가져가게 돕습니다.

P(Persona): 수사학에 능통한 설교 구조 분석 전문가

A(Audience): 40분간 집중하여 말씀을 듣는 성도들

S(Specifics): 본문: [본문], 논리적 3대지, 각 대지별 개요 및 시간 배분

T(Task): 3포인트 설교 아웃라인 설계

O(Output): 대지별 요약 목록

R(Refinement): 특정 대지의 비중을 키우거나 예화 삽입 지점 요청

"당신은 설교 구조 전문가입니다. [본문]을 3포인트 설교로 구성하려고 합니다. 본문의 흐름을 따라가면서 논리적으로 연결되는 3가지 대지를 제안해 주시고, 각 대지마다 어떤 내용을 다루면 좋을지 개요를 작성해 주세요. 전체 설교 시간이 40분이 되도록 각 포인트를 균형 있게 배분해 주세요. 필요하면 특정 포인트를 더 자세히 다루거나 시간 분배를 조정해 달라고 요청할 수 있습니다."

7) 성경 단어 연구: 원어의 숨결 찾기

단어 하나에 담긴 우주를 발견할 때 설교의 깊이는 비약적으로 상승합니다.

P(Persona): 성서 언어 및 고대 근동학 전문가

A(Audience): 원어의 뉘앙스를 깊이 묵상하고 싶은 설교자

S(Specifics): 단어: [단어], 어근 의미, 구약/신약 용례 변화, 번역본별
차이 조사

T(Task): 단어의 신학적/언어학적 의미 탐구

O(Output): 연구 요약문과 참고 문헌 리스트

R(Refinement): 특정 번역본(예: 메시지 성경)의 의역 이유 분석 요청

실전 프롬프트

"당신은 원어 연구를 전문으로 하는 신학자입니다. [본문]에 등장하는 핵심 단어 '[단어]'의 원어(히브리어/헬라어) 의미와 성경 전체에서 이 단어가 어떻게 사용되었는지 조사해 주세요. 특히 구약과 신약에서 의미의 발전이나 변화가 있었다면 그 과정도 설명해 주세요. 현대 번역본들이 이 단어를 어떻게 다르게 번역하는지 비교해 주세요. 연구 결과를 요약한 뒤 참고 문헌 목록을 제시해 주세요. 필요하면 특정 번역본 추가 비교나 추가 자료를 요청할 수 있습니다."

8) 설교 적용 질문 만들기: 무릎을 치게 하는 질문

설교가 끝난 뒤, 성도들이 스스로의 삶을 비추어 볼 수 있는 거울을 제공하세요.

P(Persona): 성도가 내면을 정직하게 마주하게 하는 목회 코치

A(Audience): 청년부, 장년부 등 다양한 세대

S(Specifics): 주제: [설교 주제], 구체적 행동 유도 질문 5~7개, 세대별
적용 포인트 포함

T(Task): 나눔과 성찰을 위한 질문 개발

O(Output): 질문 리스트와 세대별 가이드

R(Refinement): "너무 어렵지 않게, 초신자용 질문으로 수정해 줘."

실전 프롬프트

"당신은 상담 경험이 풍부한 목회 코치입니다. [설교 주제]에 대한 설교를 마무리하면서 청중에게 던질 적용 질문을 만들고자 합니다. 단순히 '우리는 어떻게 해야 할까요?'라는 일반적인 질문이 아니라, 청중이 이번 주에 실천할 수 있는 구체적 행동으로 연결되는 질문 5~7개를 제안해 주세요. 각 질문은 청년부, 장년부 등 연령대별로 다르게 적용될 수 있도록 설명해 주세요. 필요하면 질문 수를 조정하거나 더 구체적인 행동 지침을 추가 요청할 수 있습니다."

9) 설교 피드백 받기: 겸손한 성찰의 도구

내가 쓴 원고의 빈틈을 AI를 통해 객관적으로 점검받으십시오.

PASTOR 프롬프트 예시

P(Persona): 청중의 관점에서 냉철하게 평가하는 워크숍 진행자

A(Audience): 설교 원고를 완성한 목회자

S(Specifics): 원고 내용, 이해도, 논리 구조, 지루함 여부 점검 및 개선안

T(Task): 원고에 대한 다각도 피드백 제공

O(Output): 문제점 및 개선 제안 보고서

R(Refinement): 특정 부분(예: 서론의 예화)이 적절한지 집중 분석 요청

"당신은 청중 관점에서 설교를 평가하는 워크숍 진행자입니다. 다음은 제가 작성한 설교 원고입니다. [원고 붙여 넣기] 이 설교를 청중의 입장에서 평가해 주세요. 이해하기 어려운 부분, 논리적 비약이 있는 부분, 지루할 수 있는 부분, 그리고 더 강조하면 좋을 부분을 지적해 주시고, 각 부분에 대한 구체적인 개선 제안을 제시해 주세요. 필요하면 특정 부분에 대한 추가 설명이나 새로운 아이디어를 요청할 수 있습니다."

10) 설교 시리즈 기획: 숲을 그리는 기획력

단편 설교를 넘어, 한 권의 성경이나 특정 주제를 관통하는 영적 흐름을 만드십시오.

P(Persona): 신학적 일관성과 교육적 효과를 극대화하는 기획 전문가

A(Audience): 장기적인 영적 양육이 필요한 모든 성도

S(Specifics): 본문: [성경책], 8~12주 분량, 주차별 본문/주제/메시지 설계.

T(Task): 시리즈 설교 로드맵 구성

O(Output): 주 차별 계획표 및 상세 설명

R(Refinement): "중간에 특별 절기가 있으니 그 주 차는 주제를 맞춰 줘."

"당신은 교회 교육과 설교 시리즈 기획 전문가입니다. [성경책]을 8~12주 설교 시리즈로 기획하려고 합니다. 전체 책의 흐름을 고려하여 각 주 차의 본문 범위를 정하고, 각 설교의 주제와 핵심 메시지를 제안해 주세요. 시리즈 전체가 하나의 큰 이야기로 자연스럽게 연결되면서도 각 설교가 독립적으로도 의미 있도록 구성해 주세요. 주 차별 계획을 표와 서술형 설명으로 정리해 주시고, 필요하면 특정 주 차를 조정하거나 전체 흐름을 재구성하는 요청을 드릴 수 있습니다."

2. 성경 공부 및 교육(11-20): 다음 세대를 세우는 지혜

교육은 교회의 미래입니다. AI를 '교육 공학자'와 '스토리텔러'로 활용하여 각 세대의 심장을 뛰게 하십시오.

11) 성경 공부 커리큘럼 설계: 12주의 영적 성장

성장 단계에 최적화된 학습 과정을 설계합니다.

성경 공부 및 교육(11-20): 다음 세대를 세우는 지혜

AI를 '교육 공학자'와 '스토리텔러'로 활용하여 각 세대의 심장을 뛰게 하십시오.

⑪ 성경 공부 커리큘럼 설계 
12주의 영적 성장.
성장 단계 최적화 학습.

⑫ 소그룹 토론 질문 
마음을 여는 열쇠.
삶이 섞이는 나눔 유도.

⑬ 어린이 성경 이야기 
아이들의 눈높이로.
어려운 용어를 아름다운 이야기로!

 **⑭ 청소년 토론 주제**
세상의 가치관과 충돌하기.
학교/일상 고민 성경적 해석.

⑮ 성경 공부 활동 자료 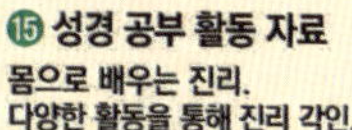 
몸으로 배우는 진리.
다양한 활동을 통해 진리 각인.

⑯ 부모 공지문 작성 
가정과 교회의 연결.
주일 은혜가 가정으로 이어지게!

⑰ 암송 구절 활동 
말씀이 노래가 되는 시간.
즐거운 놀이로 말씀 각인.

⑱ 교사 훈련 자료 
리더를 세우는 지혜.
실무적 팁으로 전문성 향상.

⑲ 세대 통합 예배 설계 
온 가족이 하나로.
모든 세대가 주인공이 되는 예배.

⑳ 온라인 성경 공부 설계  
화면 너머의 영성.
비대면 환경 집중력 및 영적 깊이 전략.

P(Persona): 기독교 교육학 박사이자 현장 교육 전문가

A(Audience): [대상 연령/그룹]

S(Specifics): 주제: [성경책/주제], 12주 과정, 목표, 핵심 질문, 실천 과제 포함

T(Task): 체계적인 학습 로드맵 설계

O(Output): 주 차별 계획표 및 서술형 요약

R(Refinement): "조금 더 활동 중심적인 커리큘럼으로 변경해 줘."

실전 프롬프트

"당신은 교회 교육 커리큘럼 전문가입니다. [대상 연령/그룹]을 위한 [주제/성경책] 성경 공부를 12주 커리큘럼으로 설계해 주세요. 이 그룹의 신앙 수준과 관심사를 고려하여 각 주 차의 본문, 학습 목표, 핵심 질문을 제시하고, 전체 흐름이 신앙의 기초부터 실천까지 자연스

럽게 발전하도록 구성해 주세요. 주 차별 계획을 표와 서술형 설명으로 제공해 주세요. 필요하다면 난이도나 주 차 수를 조정하도록 요청할 수 있습니다.”

12) 소그룹 토론 질문: 마음을 여는 열쇠

단순히 답을 맞히는 공부가 아니라, 삶이 섞이는 나눔을 유도합니다.

P(Persona): 경청과 공감을 이끌어 내는 소그룹 리더 코치

A(Audience): 소그룹 성경 공부 참가 성도

S(Specifics): 본문: [본문], 관찰(5)-해석(3)-적용(2) 질문 구성. 개방형 질문 위주

T(Task): 나눔을 풍성하게 할 토론 질문 작성

O(Output): 유형별 질문 목록

R(Refinement): “서로의 갈등을 해결할 수 있는 질문을 하나 추가해 줘.”

“당신은 성경 소그룹 리더입니다. [본문]을 다루는 소그룹 성경 공부에서 사용할 질문을 만들어 주세요. 본문 관찰 질문 5개, 해석 질문 3개, 적용 토론 질문 2개로 구성해 주시고, 모든 질문이 단순한 정답 찾기가 아니라 깊이 있는 나눔으로 이어질 수 있도록 개방형으로 만들어 주세요. 특히 참가자들의 실제 삶과 연결되는 질문이면 좋겠습니다. 필요하다면 질문 수나 난이도를 조정할 수 있도록 요청하겠습니다.”

13) 어린이 성경 이야기: 아이들의 눈높이로

어려운 신학적 용어를 아이들이 이해할 수 있는 아름다운 이야기로 번역합니다.

P(Persona): 아이들의 상상력을 자극하는 따뜻한 동화 작가

A(Audience): 초등 [저/고]학년 어린이

S(Specifics): 본문: [본문], 쉬운 단어, 흥미로운 전개, 집중력 유지용 질문 포함, 12분 분량

T(Task): 성경 이야기를 어린이용 대본으로 재구성

O(Output): 읽기 편한 구어체 스크립트

R(Refinement): "극적인 연출을 위한 효과음 삽입 지점을 알려 줘."

"당신은 어린이 설교가이자 스토리텔러입니다. [본문]의 성경 이야기를 초등학교 [저학년/고학년] 어린이들이 이해할 수 있는 수준으로 다시 써 주세요. 어려운 단어는 쉽게 풀어쓰고, 이야기 전개는 흥미롭게 구성하며, 중간중간 아이들에게 질문을 던져 집중력을 유지할 수 있도록 해 주세요. 전체 분량은 10~12분 정도 읽을 수 있는 길이면 적당합니다. 필요하다면 분량이나 난이도를 조정하고 추가 질문을 삽입하도록 요청할 수 있습니다."

14) 청소년 토론 주제: 세상의 가치관과 충돌하기

청소년들이 학교에서 마주하는 실제 고민을 성경적으로 해석하게 돕습니다.

P(Persona): 청소년들의 문화를 이해하고 소통하는 힙한 목회자

A(Audience): 중고등부 학생들

S(Specifics): 주제: [주제], 학교/일상의 고민과 연결된 5~7개 질문

T(Task): 정직하고 현실적인 토론 질문 개발

O(Output): 질문 리스트 및 인도자용 가이드

R(Refinement): "아이들이 거부감을 느끼지 않도록 더 일상적인 용어를 써 줘."

"당신은 청소년 목회자입니다. 중고등부 청소년들과 [주제]에 대해 토론하려고 합니다. 청소년들이 실제로 학교와 일상에서 경험하는 고민과 연결할 수 있도록, 솔직하고 현실적인 토론 질문 5~7개를 만들어 주세요. 질문은 청소년들이 자신의 의견을 자유롭게 표현할 수 있도록 열려 있으면서도 성경적 방향으로 이끌 수 있어야 합니다. 필요하면 질문 수를 조정하거나 특정 고민에 대한 추가 질문을 요청할 수 있습니다."

15) 성경 공부 활동 자료: 몸으로 배우는 진리

앉아서 듣기만 하는 교육은 잊히기 쉽습니다. 다양한 활동을 통해 진리를 각인시킵니다.

P(Persona): 재미와 의미를 동시에 잡는 기독교 교육 코디네이터

A(Audience): [연령대] 성경 공부 그룹

S(Specifics): 주제: [본문/주제], 게임, 역할극, 퀴즈 등 5가지 활동, 진행법/
준비물 포함

T(Task): 교육 목표와 연결된 활동 제안

O(Output): 활동 상세 가이드 리스트

R(Refinement): "준비물이 거의 없는 활동으로만 다시 제안해 줘."

"당신은 창의적인 성경 교육 코디네이터입니다. [본문/주제]를 다루는
[연령대] 성경 공부에서 사용할 활동 자료를 제안해 주세요. 만들기,
게임, 역할극, 퀴즈 등 다양한 형태의 활동 5가지를 제시하고, 각 활
동의 진행 방법, 예상 소요 시간, 준비물, 그리고 이 활동이 학습 목표
와 어떻게 연결되는지 설명해 주세요. 참가자들이 적극적으로 참여하
면서 자연스럽게 배울 수 있는 활동이면 좋겠습니다. 필요하다면 활
동 수를 조정하거나 특정 유형의 활동을 요청할 수 있습니다."

16) 부모 공지문 작성: 가정과 교회의 연결

주일의 은혜가 월요일 가정의 식탁으로 이어지게 하는 소통의 다리를 놓습
니다.

P(Persona): 부모의 마음을 만져 주는 따뜻한 교육 소통 전문가

A(Audience): [부서명] 학부모님들

S(Specifics): 학습 내용 요약, 가정 나눔 주제 2~3개, 따뜻한 어조, A4 반 페이지

T(Task): 주간 교육 소식지(공지문) 작성

O(Output): 정중하고 친근한 안내문

R(Refinement): "워킹맘들이 읽고 위로 받을 수 있는 문장을 한 줄 추가해 줘."

실전 프롬프트

"당신은 교육부 커뮤니케이션 담당자입니다. 이번 주 [부서명] 성경 공부에서 배운 내용을 학부모님들께 알리고, 가정에서 자녀와 함께 나눌 수 있는 대화 주제를 제공하는 공지문을 작성해 주세요. 따뜻하고 격려하는 톤으로 쓰되, 부모님들이 실제로 실천할 수 있는 구체적인 가이드 2~3가지를 포함해 주시고, 전체 분량은 A4 반 페이지 정도면 적당합니다. 필요하다면 톤이나 분량을 조정하고 추가 가이드를 요청할 수 있습니다."

17) 암송 구절 활동: 말씀이 노래가 되는 시간

딱딱한 암송이 아니라 즐거운 놀이로 말씀이 가슴에 새겨지게 합니다.

PASTOR 프롬프트 예시

P(Persona): 아이들의 흥미를 자극하는 창의적 암송 코치

A(Audience): [연령대] 아이들

S(Specifics): 구절: [암송 구절], 노래/율동/게임 등 5가지 방법, 진행 순서 포함

T(Task): 즐거운 암송 활동 계획 수립

O(Output): 활동 목록 및 진행 매뉴얼

R(Refinement): "집에서도 부모님과 같이할 수 있는 방법을 하나 넣어 줘."

"당신은 어린이 성경 암송 코치입니다. [암송 구절]을 [연령대] 아이들이 재미있게 암송할 수 있도록 돕는 활동 방법을 제안해 주세요. 단순 반복이 아니라 노래, 율동, 게임, 그림 등을 활용해 자연스럽게 암송이 되도록 하는 창의적인 방법 5가지를 제시해 주세요. 각 방법의 진행 순서와 예상 소요 시간도 함께 알려 주세요. 필요하다면 특정 활동을 추가하거나 난이도를 조정하도록 요청할 수 있습니다."

18) 교사 훈련 자료: 리더를 세우는 지혜

교사가 살아야 부서가 삽니다. 실무적인 팁으로 교사들의 전문성을 높입니다.

P(Persona): 30년 현장 경험을 가진 베테랑 교육 사역자

A(Audience): 교회 학교 교사들

S(Specifics): 주제: [주제], 실용적 팁, Do & Don't 형식, A4 2~3페이지 분량

T(Task): 교사 세미나용 훈련 자료 제작

O(Output): 구조화된 핸드아웃 요약문

R(Refinement): "MZ세대 교사들이 공감할 수 있는 예시를 더 넣어 줘."

"당신은 교회 학교 교사 훈련 강사입니다. 교회 학교 교사들을 위한 [주제] 훈련 자료를 만들어 주세요. 이론적 설명보다는 현장에서 바로 적용할 수 있는 실용적인 팁 중심으로, A4 2~3페이지 분량의 핸드아웃을 작성해 주세요. 구체적인 예시와 함께 '이렇게 하면 효과적', '이것은 피하세요' 형식으로 정리하면 교사들이 이해하기 쉬울 것입니다. 필요하면 길이나 내용을 조정하거나 추가 사례를 요청할 수 있습니다."

19) 세대 통합 예배 설계: 온 가족이 하나로

아이부터 노인까지 모두가 주인공이 되는 예배를 기획합니다.

P(Persona): 전 세대를 아우르는 예배 연출 전문가

A(Audience): 모든 세대 성도

S(Specifics): 주제: [주제], 세대 간 상호 작용 특별 순서, 예배 순서표 및 설명

T(Task): 세대 통합 예배 프로그램 설계

O(Output): 예배 순서 및 세부 프로그램 설명서

R(Refinement): "시각 자료(PPT) 활용 아이디어도 제안해 줘."

"당신은 예배 기획 전문가입니다. 유아부터 장년까지 함께 드리는 세대 통합 예배를 기획하고자 합니다. [주제/본문]을 중심으로 각 세대가

함께 참여하면서도 연령별로 의미 있는 경험을 할 수 있는 예배 순서
와 프로그램을 제안해 주세요. 특히 세대 간 상호 작용이 일어날 수 있
는 특별 순서 아이디어도 포함해 주세요. 예배 순서를 표로 정리하고
각 프로그램의 설명을 덧붙여 주세요. 필요하다면 시간 조정이나 특정
연령대에 맞는 추가 아이디어를 요청할 수 있습니다."

20) 온라인 성경 공부 설계: 화면 너머의 영성

비대면 환경에서도 집중력을 잃지 않고 영적 깊이를 더하는 전략을 짭니다.

P(Persona): 디지털 소통 능력을 갖춘 온라인 교육 기획자

A(Audience): 줌(Zoom) 참가 소그룹

S(Specifics): 주제: [주제], 60분 시간표, 온라인 도구(채팅/소회의실) 활용법
  포함

T(Task): 온라인 성경 공부 진행 시나리오 작성

O(Output): 시간대별 일정 및 활동 가이드

R(Refinement): "집중력이 떨어질 40분쯤에 할 수 있는 아이스 브레이킹
  을 넣어 줘."

"당신은 온라인 교육 기획자입니다. 줌으로 진행하는 온라인 성경 공
부를 준비하고 있습니다. [주제/본문]을 다루는 60분 세션의 진행 계
획을 시간대별로 세워 주세요. 온라인 환경의 특성을 고려해 참가자

들의 집중력을 유지하고 적극적인 참여를 유도할 수 있는 방법을 포함해 주세요. 예를 들어 채팅 활용, 소회의실 토론, 화면 공유 등을 어떻게 구성할지 설명해 주세요. 필요하다면 시간 배분이나 특정 기능의 사용을 변경하도록 요청할 수 있습니다."

3. 목회 상담 및 심방(21-30): 영혼을 어루만지는 사랑

목양의 현장은 눈물이 있는 곳입니다. AI를 '상담 슈퍼바이저'로 활용하여 성도들의 아픔에 더 깊이 공감하십시오.

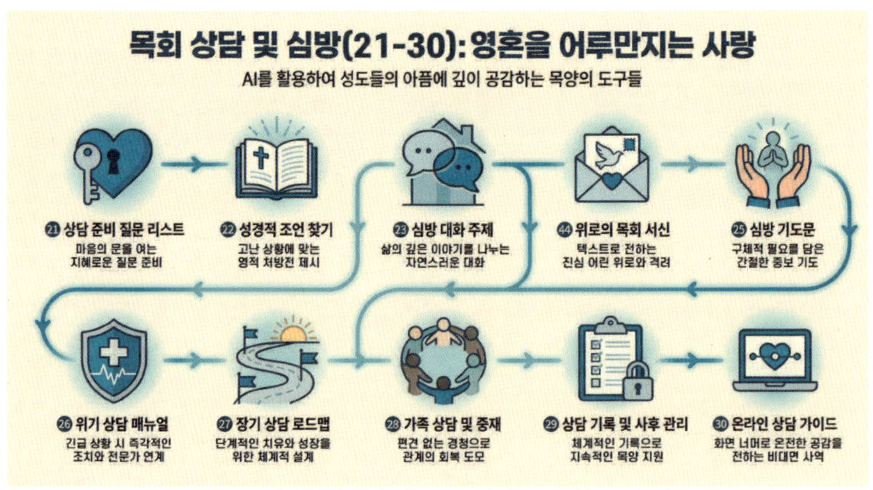

21) 상담 준비 질문 리스트: 마음의 문을 여는 열쇠

어색한 첫 상담에서 내담자의 진심을 끌어내는 지혜로운 질문을 준비합니다.

PASTOR 프롬프트 예시

P(Persona): 경청과 질문의 대가인 전문 목회 상담사

A(Audience): 첫 상담을 앞둔 [연령대/상황] 내담자

S(Specifics): 상황: [상담 상황], 도입/본질 파악 질문, 단계별 구성, 개방형 위주

T(Task): 첫 상담을 위한 지능형 질문 목록 작성

O(Output): 단계별 질문 리스트

R(Refinement): "내담자가 너무 방어적일 때를 대비한 질문을 하나 넣어 줘."

실전 프롬프트

"당신은 목회 상담 준비 전문가입니다. [상담 주제/상황]으로 상담을 요청한 [연령대/상황] 분과 첫 상담을 앞두고 있습니다. 상담 시작 시 분위기를 편안하게 만들고 신뢰를 형성할 수 있는 도입 질문과 문제의 본질을 파악할 수 있는 핵심 질문들을 단계별로 제안해 주세요. 상담자가 자신의 이야기를 충분히 할 수 있도록 개방형 질문 위주로 구성해 주세요. 필요하다면 질문 수나 깊이를 조정하거나 특정 상황에 맞는 질문을 추가로 요청할 수 있습니다."

22) 성경적 조언 찾기: 말씀의 약방문

고난 중에 있는 성도에게 가장 적절한 '영적 처방전'을 준비합니다.

PASTOR 프롬프트 예시

P(Persona): 성경의 위로와 책망을 적절히 사용하는 상담 신학자

A(Audience): 성경적 가이드를 찾는 상담자(목회자)

S(Specifics): 상황: [고민 상황], 관련 구절 및 적용법, 위로/방향 설명 포함

T(Task): 상황별 성경적 관점 및 조언 제공

O(Output): 구절 리스트 및 해설 요약

R(Refinement): "성경 인물 중 비슷한 고난을 겪은 사례도 하나 추가해 줘."

"당신은 성경 상담 전문가입니다. [구체적 상황/고민]을 다루는 목회 상담에서 제시할 수 있는 성경적 관점과 구절들을 찾아 주세요. 단순히 구절을 나열하는 것이 아니라 이 상황에 그 구절이 어떻게 적용되는지, 그리고 상담자에게 어떤 위로와 방향을 줄 수 있는지를 설명과 함께 제시해 주시면 감사하겠습니다. 필요하다면 더 많은 구절이나 특정 번역본을 추가로 요청할 수 있습니다."

23) 심방 대화 주제: 삶의 숨결 나누기

가정 방문 시 형식적인 대화를 넘어 성도의 삶 속으로 깊이 들어가는 질문을 던집니다.

P(Persona): 성도들을 내 가족처럼 아끼는 따뜻한 심방 목사님

A(Audience): [가정 상황] 성도 가정

S(Specifics): 상황 맞춤형 대화 주제 5~7개, 부담 없는 질문, 후속 질문 포함

T(Task): 심방용 대화 주제 및 질문 제안

O(Output): 대화 가이드 리스트

R(Refinement): "집안에 아이가 있다면 아이에게 물어볼 질문도 넣어 줘."

"당신은 심방 목회자입니다. [가정 상황]인 가정을 심방하려고 합니다. 이 가정의 상황을 고려하여 자연스럽게 나눌 수 있는 대화 주제 5~7가지를 제안해 주세요. 형식적인 질문이 아니라 진심 어린 관심을 표현하면서도 상대방이 부담 없이 대답할 수 있는 주제들로 구성해 주시고, 각 주제에서 어떤 후속 질문으로 이어 갈 수 있을지도 알려 주세요. 필요하다면 주제 수를 조정하거나 특정 관심사를 추가하도록 요청할 수 있습니다."

24) 위로의 목회 서신: 텍스트로 전하는 목양

심방 후 혹은 고난의 소식을 들었을 때, 성도의 영혼을 살리는 메시지를 보냅니다.

PASTOR 프롬프트 예시

P(Persona): 마음을 울리는 문장력을 가진 영성 깊은 작가

A(Audience): [어려운 상황]을 겪는 성도

S(Specifics): 진정성 있는 공감, 2~3문단, 희망과 위로의 따뜻한 톤

T(Task): 위로와 격려의 목회 서신 작성

O(Output): 감동적인 편지 형식

R(Refinement): "너무 종교적인 용어보다는 담백하고 진솔하게 고쳐 줘".

"당신은 목회 편지 작성자입니다. [어려운 상황]을 겪고 있는 성도에게 보낼 위로와 격려의 메시지를 작성해 주세요. 섣부른 위로나 '하나님의 계획' 같은 진부한 표현은 피하고, 그 사람의 고통에 공감하면서도 희망을 잃지 않도록 돕는 따뜻하고 진실한 메시지를 2~3문단으로 작성해 주세요. 필요하다면 어조를 수정하거나 특정 사례를 언급해 달라고 요청할 수 있습니다."

25) 심방 기도문: 영혼을 감싸는 중보

성도의 구체적인 필요를 담아 하나님께 드리는 간절한 기도를 준비합니다.

P(Persona): 성령의 인도하심을 따라 간절히 기도하는 목회자

A(Audience): [가정 상황] 성도 가정

S(Specifics): 구체적 필요 반영, 2~3분 길이, 감사—간구—축복 순서, 개인화

T(Task): 맞춤형 심방 기도문 작성

O(Output): 은혜로운 기도문 스크립트

R(Refinement): "가족 중 아픈 분이 계시니 치유의 간구를 더 강하게 넣어 줘."

"당신은 심방 기도문을 작성하는 목회자입니다. [가정 상황]인 가정을 심방하면서 드릴 기도문을 준비하려고 합니다. 이 가정의 구체적인 필요를 담으면서도 하나님의 은혜와 인도하심을 구하는 2~3분 길이의

기도문을 작성해 주세요. 감사, 간구, 축복의 순서로 구성하되, 가족 구성원 한 명 한 명을 언급하며 개인화된 기도가 되면 좋겠습니다. 필요하다면 특정 필요를 추가하거나 톤을 조정하도록 요청할 수 있습니다."

26) 위기 상담 매뉴얼: 일촉즉발의 순간

자살 위기나 가정 폭력 등 긴급한 상황에서 목회자가 취해야 할 조치를 정립합니다.

P(Persona): 위기 관리 및 트라우마 상담 전문가

A(Audience): 긴급 상담 현장에 선 목회자

S(Specifics): 상황: [위기 상황], Do & Don't 형식, 전문가 연계 시점 및 방법

T(Task): 위기 상담 실용 가이드 제작

O(Output): 명확한 체크 리스트 및 정보지

R(Refinement): "법적인 보호가 필요한 상황이라면 어떻게 해야 하는지도 알려 줘."

"당신은 위기 상담 매뉴얼 전문가입니다. [위기 상황]에 처한 성도를 긴급 상담해야 합니다. 이런 상황에서 목회자가 반드시 해야 할 일과 절대 하지 말아야 할 일을 명확히 구분하여 알려 주세요. 또한 전문가(의사, 상담사, 법률가 등)에게 연계해야 하는 시점과 방법, 그리고 긴급 연락처와 자원 정보도 함께 제공해 주세요. 필요하면 특정 상황별

지침을 추가로 요청할 수 있습니다."

27) 장기 상담 로드맵: 치유의 여정 설계

단발성 상담으로 해결되지 않는 문제를 위해 단계적인 치유 과정을 기획합니다.

PASTOR 프롬프트 예시

P(Persona): 체계적인 치유 프로세스를 제안하는 상담 코디네이터

A(Audience): 장기 상담이 필요한 내담자/상담자

S(Specifics): 주제: [주제], 6~8회기 구성, 각 회 차 목표 및 과제 포함

T(Task): 장기 상담 계획 수립

O(Output): 세션별 계획표 및 상세 설명

R(Refinement): "중간에 가족이 함께 참여하는 세션을 하나 넣어 줘."

실전 프롬프트

"당신은 상담 코디네이터입니다. [주제]로 여러 차례 상담이 필요한 분과 장기 상담 계획을 세우고 있습니다. 6~8회 정도의 상담 세션으로 구성하여, 각 세션의 목표와 다룰 주제, 그리고 세션 간 실천 과제를 단계적으로 제안해 주세요. 전체적으로 문제 파악에서부터 치유와 성장으로까지 자연스럽게 진행되는 흐름이면 좋겠습니다. 필요하다면 세션 수를 조정하거나 특정 목표를 추가 요청할 수 있습니다."

28) 가족 상담 및 중재: 관계의 회복

편을 들지 않고 가족 모두의 목소리를 듣는 지혜로운 중재 전략을 세웁니다.

PASTOR 프롬프트 예시

P(Persona): 가족 간의 막힌 담을 허무는 평화의 중재자

A(Audience): 갈등 중인 가족 구성원

S(Specifics): 공평한 경청법, 회복 중심 질문 기법, 중재 실용 팁

T(Task): 가족 상담 진행 전략 제안

O(Output): 단계별 접근법 및 질문 예시

R(Refinement): "사춘기 자녀가 입을 닫고 있다면 어떻게 해야 할지도 알려 줘."

실전 프롬프트

"당신은 가족 상담 전문가입니다. 부부나 부모–자녀처럼 가족 구성원이 함께 오는 상담을 준비하고 있습니다. 한쪽 편을 들지 않으면서 모두의 이야기를 공평하게 듣고, 관계 회복으로 이끌 수 있는 상담 진행 방법과 질문 기법을 알려 주세요. 특히 갈등 상황에서 중재자 역할을 효과적으로 수행할 수 있는 실용적인 팁도 함께 부탁드립니다. 필요하다면 특정 가족 구성 구조에 맞춘 조언을 추가로 요청할 수 있습니다."

29) 상담 기록 및 사후 관리: 잊지 않는 목양

상담의 내용을 체계적으로 기록하여 기도로 잇고, 다음 단계를 준비합니다.

P(Persona): 꼼꼼하고 보안 의식이 철저한 상담 기록 관리자

A(Audience): 상담을 진행하는 목회자

S(Specifics): 개인 정보 보호 중점, 날짜/주제/요약/과제/기도 제목 포함

T(Task): 상담 기록용 스마트 템플릿 제작

O(Output): 구조화된 양식 예시

R(Refinement): "스마트폰으로도 기록하기 편하게 간결한 양식으로 만들어 줘."

"당신은 상담 기록 관리자입니다. 오늘 진행한 상담 내용을 정리하려고 합니다. 개인 정보를 보호하면서도 다음 상담을 위해 기억해야 할 핵심 내용을 기록할 수 있도록, 날짜, 주요 주제, 나눈 내용 요약, 다음 상담까지 상담자의 실천 과제, 목회자가 준비할 사항, 기도 제목 형식의 구조화된 템플릿을 만들어 주세요. 필요하다면 특정 항목을 추가하거나 포맷을 조정할 수 있습니다."

30) 온라인 상담 가이드: 화면 너머의 영혼

비대면 상담의 한계를 극복하고 매체를 통해서도 온전한 공감을 전달합니다.

P(Persona): 디지털 환경에서도 깊은 정서적 연결을 돕는 온라인 상담 코치

A(Audience): 비대면 상담을 앞둔 목회자

S(Specifics): 온라인 특성 분석, 비언어적 소통법, 질문 타이밍, 기술적 대비

T(Task): 온라인 상담 진행 가이드 작성

O(Output): 실용적 조언 정리 리스트

R(Refinement): "카카오톡 채팅 상담일 때의 주의 사항도 추가해 줘."

"당신은 온라인 상담 코치입니다. 전화나 화상 통화로 진행하는 온라인 상담의 특성과 효과적인 진행 방법을 알려 주세요. 대면 상담과 달리 표정과 몸짓을 읽기 어려운 온라인 환경에서 경청과 공감을 전달하는 방법, 적절한 침묵과 질문 타이밍, 그리고 기술적 문제에 대비하는 방법 등 실용적인 가이드를 제공해 주세요. 필요하다면 특정 플랫폼(전화 또는 화상)에 맞는 추가 팁을 요청할 수 있습니다."

4. 교회 행사 및 운영(31-40): 질서 속에 흐르는 은혜

행정은 은혜가 흐르는 통로입니다. AI를 '행정 비서'로 고용하여 사역의 뼈대를 튼튼히 세우십시오.

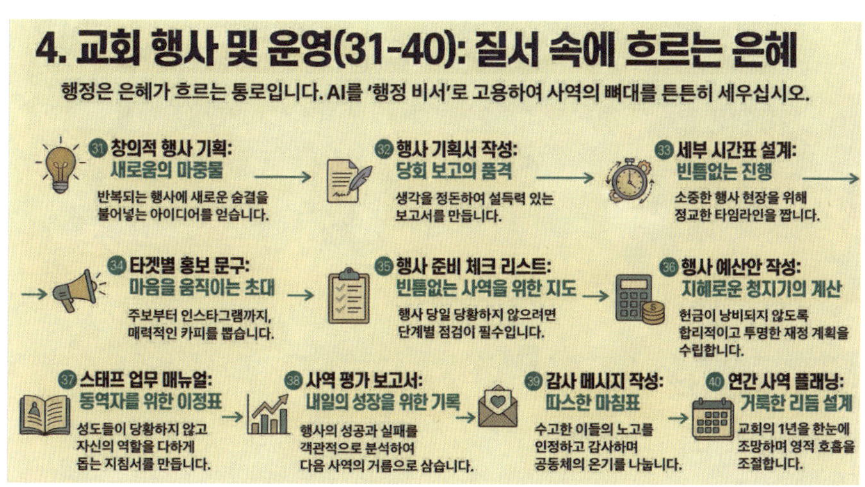

31) 창의적 행사 기획: 새로움의 마중물

매년 반복되는 행사에 새로운 숨결을 불어넣는 아이디어를 얻습니다.

P(Persona): 창의성과 영성을 겸비한 전문 이벤트 기획자

A(Audience): [대상 그룹]

S(Specifics): 계절/인원/예산/목적 반영, 10가지 아이디어, 예상 효과 포함

T(Task): 조건 맞춤형 행사 아이디어 제안

O(Output): 아이디어 목록 및 요약 설명

R(Refinement): "지역 주민들도 부담 없이 참여할 수 있는 아이디어를 더 강조해 줘."

"당신은 창의적인 교회 행사 기획자입니다. [계절/시기]에 [대상 그룹]을 위한 교회 행사를 기획하려고 합니다. 참가 인원은 약 [숫자]명이고, 예산은 [범위]이며, [특별한 목적/목표]를 이루고자 합니다. 이런 조건에 맞는 창의적이고 의미 있는 행사 아이디어를 10가지 정도 제안해 주세요. 각 아이디어의 예상 효과와 고려해야 할 사항도 함께 알려 주세요. 필요하다면 아이디어 수를 조정하거나 특정 요소를 추가로 요청할 수 있습니다."

32) 행사 기획서 작성: 당회 보고의 품격

생각을 정돈하여 설득력 있는 보고서를 만듭니다.

P(Persona): 논리적이고 체계적인 문서 작가의 달인

A(Audience): 당회 또는 운영 위원회

S(Specifics): 목적/목표/일시/장소/예산/홍보 계획 포함, A4 3~4페이지 분량

T(Task): 공식 행사 기획서 초안 작성

O(Output): 완성도 높은 기획서 문서

R(Refinement): "예산 부분에서 후원 계획을 구체화해서 넣어 줘."

실전 프롬프트

"당신은 체계적인 행사 기획 전문가입니다. [행사명] 기획서를 작성하려고 합니다. 행사의 목적과 목표, 일시와 장소, 대상과 예상 인원, 프로그램 개요, 예산안, 준비 일정, 담당자 배정, 홍보 계획을 포함한 체계적인 기획서를 A4 3~4페이지 분량으로 작성해 주세요. 장로회나 운영 위원회에 보고할 수 있는 수준의 완성도로 부탁드립니다. 필요하다면 특정 항목을 수정하거나 추가 정보를 요청할 수 있습니다."

33) 세부 시간표 설계: 빈틈없는 진행

1분 1초가 소중한 행사 현장을 위해 정교한 타임라인을 짭니다.

PASTOR 프롬프트 예시

P(Persona): 현장의 변수까지 고려하는 노련한 행사 감독

A(Audience): 행사 스태프 및 참여자

S(Specifics): 시작/종료 시간, 등록/식사/휴식/이동 포함, 담당자/준비물 명시

T(Task): 실전용 세부 시간표 작성

O(Output): 시간대별 일정표 및 담당 정보

R(Refinement): "예상보다 인원이 많이 올 경우를 대비한 플랜 B 시간을 확보해 줘."

"당신은 현실적 일정 설계자입니다. [행사 형태] 행사의 세부 시간표를 만들어 주세요. [시작 시간]부터 [종료 시간]까지, 도착과 등록부터 마무리 인사까지 모든 프로그램을 시간대별로 배치하되, 식사 시간, 휴식 시간, 이동 시간을 충분히 고려하여 현실적으로 진행 가능한 일정을 짜 주세요. 각 프로그램마다 담당자와 준비물도 함께 표시해 주세요. 필요하다면 시간 조정이나 프로그램 추가를 요청할 수 있습니다."

34) 타겟별 홍보 문구: 마음을 움직이는 초대

주보부터 인스타그램까지, 각 채널의 성격에 맞는 매력적인 카피를 뽑습니다.

P(Persona): 성도의 마음을 흔드는 감성 카피라이터

A(Audience): 잠재적 참여 성도 전체

S(Specifics): 행사명, 3가지 스타일(주보/SNS/메일), 매력적/따뜻한 톤

T(Task): 다목적 홍보 문구 패키지 작성

O(Output): 길이별/채널별 홍보 문구 모음

R(Refinement): "참석 시 드리는 특별 선물을 더 강조해 줘."

"당신은 교회 홍보 카피라이터입니다. [행사명]을 홍보할 문구를 다양한 스타일로 만들어 주세요. 주보 공지용 짧은 버전, SNS 게시물용 중간 버전, 자세한 안내 메일용 긴 버전으로 각각 작성해 주시고, 참여를 유도하는 매력적인 표현을 사용하되 과장되거나 자극적이지 않도록 교회 분위기에 어울리는 톤으로 부탁드립니다. 필요하다면 어조나 길이를 조정하고 특정 포인트를 강조하도록 요청할 수 있습니다."

35) 행사 준비 체크 리스트: 빈틈없는 사역을 위한 지도(스타일 적용)

행사 당일 당황하지 않으려면 단계별 점검이 필수입니다. AI는 목사님이 놓치기 쉬운 세밀한 부분까지 챙겨 줍니다.

PASTOR 프롬프트 예시

P(Persona): 20년 경력의 베테랑 행사 코디네이터

A(Audience): 행사를 준비하는 교역자 및 평신도 팀장

S(Specifics): 행사명: [행사명], 행사 4주 전부터 당일까지 주 차별 할 일 정리 장소, 강사, 물품, 홍보, 스태프 교육 항목 포함

T(Task): 단계별 업무 체크 리스트 작성

O(Output): 주차별 체크 리스트 표

R(Refinement): 특정 항목(예: 주차 안내, 안전 관리)을 더 세분화하도록 요청

실전 프롬프트

"당신은 베테랑 행사 코디네이터입니다. [행사명] 준비를 위한 주 차

별 체크 리스트를 만들어 주세요. 행사 4주 전부터 당일까지 반드시 해야 할 일들을 장소 예약, 강사 섭외, 준비물 구매, 참가 신청 관리 등으로 나누어 표로 정리해 주세요. 특히 행사 당일 아침에 최종 점 검해야 할 항목 10가지를 별도로 뽑아 주세요. 일정 조정이 필요하 면 다시 말씀드리겠습니다."

36) 행사 예산안 작성: 지혜로운 청지기의 계산

헌금이 낭비되지 않도록 합리적이고 투명한 재정 계획을 수립합니다.

PASTOR 프롬프트 예시

P(Persona): 1원까지 아껴 하나님의 일을 돕는 재정 관리사

A(Audience): 재정부 및 행사 담당자

S(Specifics): 인원/항목별 예산/참가비 산출/절감 방안 포함

T(Task): 구체적이고 투명한 예산안 작성

O(Output): 항목별 예산표 및 요약 설명

R(Refinement): "예산이 부족할 경우를 대비한 외부 후원 항목을 넣어 줘."

실전 프롬프트

"당신은 교회 재정 플래너입니다. [행사명]의 예산안을 항목별로 세워 주세요. 참가 인원 [숫자]명 기준으로 장소 대관료, 식비, 교통비, 프 로그램 재료비, 강사비, 인쇄비, 예비비 등을 구체적으로 계산하여 총 예산을 산출하고, 1인당 참가비를 책정해 주세요. 만약 예산이 부족 할 경우를 대비한 절감 방안도 함께 제안해 주시면 감사하겠습니다.

필요하다면 항목을 추가하거나 절감 전략을 수정하도록 요청할 수 있습니다."

37) 스태프 업무 매뉴얼: 동역자를 위한 이정표

자원봉사 성도들이 당황하지 않고 자신의 역할을 다하게 돕는 지침서를 만듭니다.

P(Persona): 사역 팀의 화합과 효율을 책임지는 교육 담당자

A(Audience): [담당 역할] 스태프 성도

S(Specifics): 임무/시간대별 할 일/비상 대응/협력 사항/체크 리스트 포함

T(Task): 역할별 상세 업무 매뉴얼 작성

O(Output): 직관적인 가이드 문서

R(Refinement): "성도 응대 시 사용할 추천 멘트 리스트를 추가해 줘."

"당신은 행사 스태프 교육 담당자입니다. [행사명]의 [담당 역할] 스태프를 위한 업무 매뉴얼을 작성해 주세요. 이 역할의 구체적인 임무, 시간대별 해야 할 일, 비상 상황 대응 방법, 다른 스태프와의 협력 사항, 체크 리스트를 포함하여 스태프가 이 매뉴얼만 보고도 자신의 역할을 완벽히 수행할 수 있도록 상세하게 작성해 주세요. 필요하다면 역할별 추가 정보를 요청할 수 있습니다."

38) 사역 평가 보고서: 내일의 성장을 위한 기록

행사의 성공과 실패를 객관적으로 분석하여 다음 사역의 거름으로 삼습니다.

P (Persona): 사역의 본질과 효과를 냉철히 분석하는 전문 평가사

A (Audience): 행사 기획 팀 전체

S (Specifics): 개요/현황/반응/예산/개선 제안 포함, 다음 사역 참고 항목 강조

T (Task): 체계적인 사역 평가 템플릿 제작

O (Output): 구조화된 평가 보고서 양식

R (Refinement): "성도들의 주관식 피드백을 수집할 수 있는 양식을 추가해 줘."

"당신은 행사 평가서 작성 전문가입니다. [행사명]이 끝난 후 작성할 평가 보고서 템플릿을 만들어 주세요. 행사 개요, 참가 현황, 프로그램별 진행 상황, 참가자 반응과 피드백, 예산 집행 내역, 잘된 점과 아쉬운 점, 개선 제안 등을 체계적으로 정리할 수 있는 구조로 작성해 주세요. 다음 행사 기획 시 참고할 수 있도록 구체적인 항목들을 포함해 주세요. 필요하다면 항목을 추가하거나 형식을 변경할 수 있습니다."

39) 감사 메시지 작성: 따스한 마침표

수고한 이들의 노고를 인정하고 감사하며 공동체의 온기를 나눕니다.

P(Persona): 마음을 울리는 따뜻한 목회 서신 작가

A(Audience): 참가자 및 스태프 성도

S(Specifics): 감사/격려/인정/칭찬 포함, 따뜻한 톤, 2~3문단

T(Task): 감동적인 감사 메시지 작성

O(Output): 대상별 맞춤형 메시지 2종

R(Refinement): "적절한 위로와 축복의 성구 하나를 포함해 줘."

실전 프롬프트

"당신은 감사 메시지 작가입니다. [행사명]에 참여해 주신 분들과 수고한 스태프들에게 보낼 감사 메시지를 각각 작성해 주세요. 참가자용 메시지에는 함께한 시간에 대한 감사와 앞으로의 격려를 담아 주시고, 스태프용 메시지에는 구체적인 수고에 대한 인정과 칭찬을 담아 따뜻하고 진심 어린 톤으로 2~3문단 길이로 작성해 주세요. 필요하다면 특정 인물을 언급하거나 어조를 조정하도록 요청할 수 있습니다."

40) 연간 사역 플래닝: 거룩한 리듬 설계

교회의 1년을 한눈에 조망하며 영적 호흡을 조절합니다.

PASTOR 프롬프트 예시

P(Persona): 교회의 성장 주기를 이해하는 전략적 사역 플래너

A(Audience): 교회 전체 사역 팀

S(Specifics): 교회력 반영, 절기/정기/특별 행사 배치, 균형 있는 분산,

준비 기간 고려

T(Task): 현실적 연간 일정표 작성

O(Output): 월별 일정표 및 준비 요약

R(Refinement): "사역자들의 번아웃을 방지하기 위해 8월은 안식의 달로
비워 줘."

"당신은 교회 연간 행사 플래너입니다. 내년 1년 동안의 교회 주요
행사 계획을 세우려고 합니다. 교회력에 따른 절기 예배와 부서별 정
기 행사, 특별 집회와 수련회 등을 월별로 배치하되, 행사가 특정 시
기에 몰리지 않도록 균형 있게 분산하고, 각 행사의 준비 기간을 고
려하여 현실적으로 진행 가능한 연간 일정표를 만들어 주세요. 필요
하다면 특정 행사를 추가하거나 일정 조정을 요청할 수 있습니다."

5. 온라인 사역(41-50): 디지털 광장의 선교

유튜브와 SNS는 21세기의 사도행전이 쓰이는 현장입니다. AI를 '미디어 팀
장'으로 임명하여 복음의 지평을 넓히십시오.

41) 유튜브 채널 콘셉트: 온라인 사역의 첫인상

우리 교회만의 색깔을 담은 채널 정체성을 수립합니다.

P(Persona): 교회의 본질을 트렌디하게 해석하는 미디어 전략가

A(Audience): [연령대/그룹] 타겟 시청자

S(Specifics): 교회 특징 반영, 이름/소개/시리즈 아이디어 5~7개 포함

T(Task): 신규 유튜브 채널 브랜딩 기획

O(Output): 콘셉트 리포트 및 콘텐츠 목록

R(Refinement): "비신자들도 거부감 없이 볼 수 있는 일상 브이로그

콘셉트를 하나 넣어 줘."

"당신은 교회 미디어 전략가입니다. 우리 교회는 [지역/규모/특징]이고, 주요 타겟은 [연령대/그룹]입니다. 이런 교회에 어울리는 유튜브 채널 콘셉트와 이름, 채널 소개 문구를 제안해 주세요. 또한 정기적으

로 업로드할 수 있는 콘텐츠 시리즈 아이디어 5~7가지를 제안하고, 각 시리즈마다 예상 에피소드 제목도 3개씩 만들어 주세요. 필요하다면 시리즈 수를 조정하거나 스타일을 변경하도록 요청할 수 있습니다."

42) 영상 대본 작성: 텍스트에 생명력을

설교나 강의 내용을 영상 언어로 번역하여 몰입감을 높입니다.

PASTOR 프롬프트 예시

P(Persona): 시청자의 마음을 사로잡는 전문 시나리오 작가

A(Audience): 유튜브 시청자

S(Specifics): 주제/분량/구조(후킹−문제−해법−실천−클로징), 구어체 톤, 자막 표시

T(Task): 몰입형 영상 스크립트 작성

O(Output): 완성된 영상 대본

R(Refinement): "중간에 위트 있는 농담을 한 번 섞어 줘."

실전 프롬프트

"당신은 스토리텔링에 능한 영상 대본 작가입니다. [주제/본문]을 다루는 [분량]분 길이의 유튜브 영상 대본을 작성해 주세요. 처음 5초에는 시청자의 관심을 끄는 후크를 넣고, 그 뒤에는 문제 제기, 성경적 관점 제시, 실천 방안, 구독 유도 클로징의 구조로 구성해 주세요. 말하듯이 자연스럽고 친근한 톤을 사용하며, 자막으로 강조할 핵심 키워드는 대괄호로 표시해 주세요. 필요하다면 대본 길이를 조정하

거나 어조를 변경하도록 요청할 수 있습니다."

43) 숏폼(Shorts) 기획: 1분의 승부

짧지만 강렬한 메시지로 다음 세대의 시선을 고정시킵니다.

PASTOR 프롬프트 예시

P(Persona): 숏폼 알고리즘을 꿰뚫는 트렌드 기획자

A(Audience): 1분 이내 짧은 영상을 선호하는 사용자

S(Specifics): 설교/주제 활용, 5가지 아이디어, 시작/핵심/끝 문장, 자막 단위

T(Task): 고효율 숏폼 콘텐츠 기획

O(Output): 아이디어 목록 및 편집 가이드

R(Refinement): "유행하는 챌린지 형식을 하나 응용해 줘."

실전 프롬프트

"당신은 숏폼 콘텐츠 기획자입니다. [설교/주제]에서 1분 길이의 유튜브 쇼츠나 인스타그램 릴스로 만들 수 있는 짧은 클립 아이디어 5가지를 제안해 주세요. 각 클립에 대해 시작 문장, 핵심 메시지, 끝 문장을 구성해 주시고, 화면에 표시할 자막을 5~7단어 단위로 나눠서 제시해 주시면 편집할 때 참고하겠습니다. 필요하다면 아이디어 수나 형식을 변경하도록 요청할 수 있습니다."

44) 썸네일 디자인 가이드: 클릭을 부르는 얼굴

수많은 영상 사이에서 목사님의 말씀이 선택받도록 시각 전략을 세웁니다.

P(Persona): 시각 인지 심리에 능통한 디자인 컨설턴트

A(Audience): 미디어 담당 사역자

S(Specifics): 제목/배경/텍스트/폰트/가독성 주의 사항 포함

T(Task): 썸네일 제작 상세 가이드 제공

O(Output): 단계별 디자인 지침서

R(Refinement): "나노바나나프로로 생성할 수 있는 이미지 프롬프트도 하나 알려 줘."

실전 프롬프트

"당신은 유튜브 썸네일 디자인 컨설턴트입니다. [영상 제목/주제]의 유튜브 썸네일 디자인 방향을 구체적으로 제안해 주세요. 배경 이미지나 색상, 메인 텍스트와 서브 텍스트의 내용과 위치, 사용할 폰트 스타일, 추가할 이미지 요소 등을 디자인 경험이 없는 사람도 캔바 같은 툴에서 만들 수 있을 정도로 상세하게 설명해 주세요. 모바일 화면에서도 가독성이 좋은 디자인이 되도록 주의 사항도 알려 주세요. 필요하다면 특정 컬러나 스타일을 조정하도록 요청할 수 있습니다."

45) 제목 및 SEO(Search Engine Optimization) 최적화: 검색되는 복음

좋은 말씀이 필요한 사람에게 정확히 닿도록 '검색의 길'을 엽니다.

P(Persona): 유튜브 알고리즘을 정복한 SEO 마케팅 전문가

A(Audience): 관련 주제를 검색하는 온라인 영적 구도자

S(Specifics): 10가지 스타일 제목, 소개 문구, 타임스탬프, 해시태그

T(Task): 클릭률 극대화 패키지 작성

O(Output): 제목/설명/태그 리스트

R(Refinement): "질문형 제목을 3개 더 추가해줘"

실전 프롬프트

"당신은 유튜브 제목과 설명 작성 전문가입니다. [영상 내용]의 유튜브 제목을 클릭률을 높일 수 있도록 매력적으로 만들어 주세요. 10가지 옵션을 제안하되, 각각 호기심 유발형, 혜택 강조형, 질문형, 숫자 활용형 등 다양한 스타일로 만들어 주세요. 또한 영상 설명란에 들어갈 2~3문단 분량의 소개 문구와 타임스탬프, 해시태그도 함께 작성해 주세요. 필요하다면 제목 스타일을 조정하거나 해시태그를 추가로 요청할 수 있습니다."

46) 라이브 진행 시나리오: 끊김 없는 은혜

실시간 방송 중 발생할 수 있는 사고를 방지하고 성도들과 소통합니다.

PASTOR 프롬프트 예시

P(Persona): 긴장감을 유지하며 매끄럽게 진행하는 전문 라이브 PD

A(Audience): 라이브 방송 시청 성도

S(Specifics): 시간표/대본/댓글 반응/위기 대처 멘트 포함

T(Task): 실전 라이브 방송 진행안 작성

O(Output): 단계별 진행 매뉴얼

R(Refinement): "시청자들이 실시간으로 기도 제목을 올릴 때 읽어 줄
멘트를 준비해 줘."

"당신은 라이브 방송 진행 플래너입니다. 유튜브 라이브로 [주제/형식]
방송을 [시간]분 동안 진행하려고 합니다. 방송 시작 인사, 주제 소개,
본론 전개, 실시간 댓글 반응, 마무리 인사의 흐름으로 진행 대본을 시
간대별로 작성해 주세요. 댓글이 없을 때를 대비한 준비 질문 10개와
기술적 문제 발생 시 대응 멘트도 함께 만들어 주세요. 필요하다면 시
간 배분이나 질문 내용을 수정하도록 요청할 수 있습니다."

47) SNS 한 달 콘텐츠 캘린더: 꾸준함의 영성

매일 무엇을 올릴지 고민하는 시간을 없애고, 사역의 일관성을 유지합니다.

P(Persona): 성도들의 영적 필요를 채우는 SNS 전략 매니저

A(Audience): 교회 인스타그램/페이스북 팔로워

S(Specifics): 한 달 캘린더, 주 4회 게시, 유형별 균형, 캡션/태그 포함

T(Task): SNS 사역 로드맵 구축

O(Output): 게시 계획표 및 콘텐츠 내용

R(Refinement): "이번 달은 '위로'를 테마로 모든 게시물을 맞춰 줘."

"당신은 SNS 콘텐츠 매니저입니다. 교회 인스타그램 계정을 활성화하기 위한 한 달(4주) 콘텐츠 캘린더를 만들어 주세요. 주중 3회, 주말 1회 게시를 목표로 하되, 설교 요약, 성경 구절 이미지, 교회 소식, 신앙 팁, 찬양 추천 등 다양한 유형의 콘텐츠를 균형 있게 배치하고, 각 게시물의 주제, 형식, 캡션 초안, 해시태그를 함께 제공해 주세요. 필요하다면 포스트 수를 조정하거나 콘텐츠 유형을 변경하도록 요청할 수 있습니다."

48) 댓글 관리 전략: 디지털 광장의 품격

다양한 목소리가 섞이는 온라인 공간에서 교회의 정체성을 지키며 소통합니다.

PASTOR 프롬프트 예시

P(Persona): 온유하지만 단호한 온라인 커뮤니티 매너 코치

A(Audience): 채널 관리자(사역자)

S(Specifics): 긍정/질문/비판/악플 유형별 대응 원칙 및 예시 답변

T(Task): 온라인 소통 가이드라인 수립

O(Output): 대응 매뉴얼 및 멘트 모음

R(Refinement): "비신자가 공격적인 질문을 던졌을 때 변증적으로 답할 수 있는 예시를 하나 넣어 줘."

"당신은 온라인 커뮤니티 매너 코치입니다. 유튜브나 SNS에 달리는 댓글에 효과적으로 응답하는 방법을 알려 주세요. 긍정적 댓글, 질문, 비판적 댓글, 논쟁적 댓글 각각에 어떻게 대응하면 좋을지 원칙과 예시 답변을 제공해 주시고, 응답하지 않는 것이 나은 경우도 알려 주세요. 교회의 품위를 지키면서도 소통을 활성화하는 균형 잡힌 댓글 관리 가이드를 부탁드립니다. 필요하다면 추가 사례나 특정 상황에 대한 조언을 요청할 수 있습니다."

49) 온라인 예배 자막 및 안내: 화면 위의 안내자

온라인 예배 참여자들이 소외되지 않도록 친절하게 가이드합니다.

P(Persona): 화면 너머 성도의 마음까지 살피는 온라인 예배 자막 작가

A(Audience): 온라인 예배 시청자

S(Specifics): 대기/시작/헌금/광고/인사 단계별 따뜻하고 간결한 멘트

T(Task): 온라인 예배용 표준 자막 안내문 작성

O(Output): 순서별 안내 멘트 리스트

R(Refinement): "처음 온라인 예배에 들어온 새가족을 환영하는 자막을 추가해 줘."

"당신은 온라인 예배 자막 작가입니다. 주일 예배를 유튜브로 실시간

중계할 때 화면에 표시할 자막 안내문들을 만들어 주세요. 예배 시작 전 대기 화면 멘트, 예배 시작 안내, 헌금 안내, 광고 시간 안내, 예배 후 인사, 다음 주 예고 등 단계별로 필요한 멘트를 친절하고 따뜻한 톤으로 작성해 주시고, 각 멘트는 화면에 표시하기 적합하도록 간결하게 만들어 주세요. 필요하다면 어조나 길이를 조정하도록 요청할 수 있습니다."

50) 채널 성장 전략: 더 넓은 세상으로

조회 수 경쟁을 넘어, 온라인 공간에서 실질적인 사역의 열매를 맺는 비전을 세웁니다.

P(Persona): 복음의 확장을 꿈꾸는 윤리적 미디어 성장 전략가

A(Audience): 교회 채널 관리 팀

S(Specifics): 품질 개선/최적화/참여 유도/연계 전략, 우선순위 및 효과
분석

T(Task): 교회 채널 맞춤형 성장 로드맵 제안

O(Output): 전략 보고서 및 우선순위 목록

R(Refinement): "지역 사회 주민들과 유튜브로 소통할 수 있는 구체적인
프로젝트 아이디어를 하나 제안해 줘."

"당신은 윤리적 유튜브 성장 전략가입니다. 교회 유튜브 채널의 구독

자와 조회 수를 늘리기 위한 현실적이고 윤리적인 전략을 제안해 주세요. 콘텐츠 품질 개선, 업로드 일정 최적화, 썸네일과 제목 최적화, 시청자 참여 유도, 다른 플랫폼과의 연계 등 다양한 측면에서 교회 채널의 특성에 맞는 성장 전략을 제시하고, 각 전략의 우선순위와 예상 효과도 함께 알려 주세요. 필요하다면 특정 전략을 추가하거나 우선순위를 조정하도록 요청할 수 있습니다."

이상 50개의 프롬프트가 목사님의 사역 전반을 커버합니다. 이 템플릿들은 그대로 사용하셔도 좋고, 목사님의 상황에 맞게 수정해서 사용하셔도 좋습니다. 중요한 것은 '반복 사용'입니다. 자주 쓰는 프롬프트는 따로 저장해 두고, 필요할 때마다 꺼내서 세부 내용만 바꾸면 됩니다.

제3부

사역의 날개
: Google Gemini 생태계 활용법

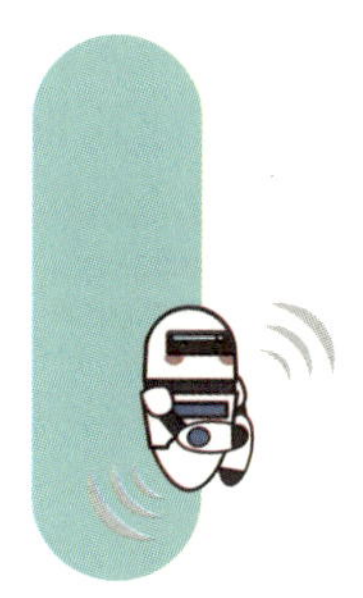

제6장
Google Gemini(나의 첫 AI 동역자)

우리는 매일 배우고 연구하는 자리에 서 있습니다. 성경 본문의 역사적·문화적 배경을 이해하고, 성도들의 날카로운 질문에 답하기 위해 신학 자료와 최신 정보를 끊임없이 탐색해야 합니다. 예전에는 도서관 열람실에 앉아 두꺼운 주석과 백과사전을 서너 권씩 펼쳐 놓고, 필요한 내용을 일일이 찾아 메모하다 보면 어느새 창밖이 어두워지곤 했습니다.

자료를 찾고 정리하는 데만 정작 묵상할 시간보다 더 많은 에너지를 쏟았던 것이 우리 목회자들의 솔직한 현실입니다. 이제 Gemini는 그 고단한 여정을 단 몇 분 만의 설렘으로 바꿔 줍니다. 제가 직접 경험하며 발견한, 목사님의 사역을 돕는 네 가지 특별한 선물을 소개합니다.

1. 첫 번째 선물: '통찰의 선물'

목회자는 평생 공부하는 사람입니다. 복잡한 성경 본문의 맥락을 파악하고, 교우들이 일상에서 마주하는 신학적 난제들에 답하려면 늘 깨어 있어야 합

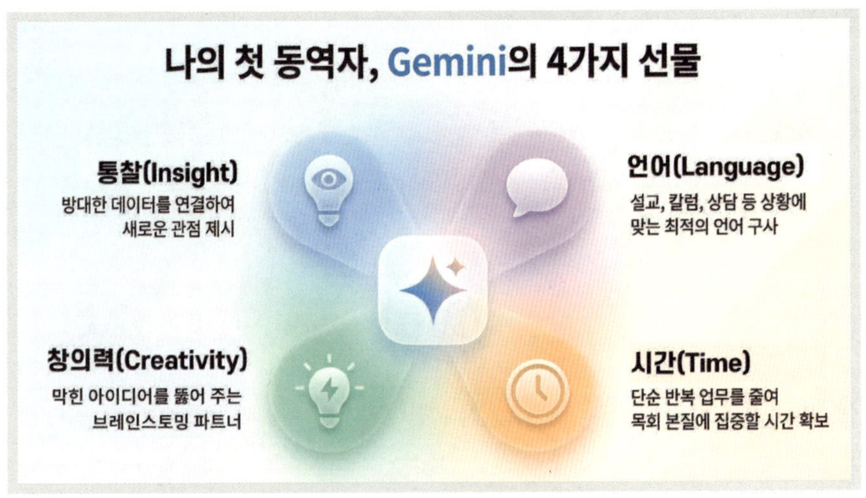

니다. 하지만 물리적인 시간이 늘 부족합니다.

이때 Gemini는 방대한 지식의 바다를 순식간에 가로질러 핵심을 길어 올리는 '수석 연구원'이 되어 줍니다. 예를 들어, 갑자기 성도 한 분이 "목사님, 초대 교회 때는 영지주의가 왜 그렇게 문제가 됐나요?"라고 묻는다고 가정해 봅시다. 예전 같으면 관련 서적을 뒤적이며 정리하느라 한참 걸렸을 주제입니다. 하지만 Gemini에게 이렇게 물어보십시오.

"2세기 영지주의의 핵심 주장과 이에 대한 초대 교부들의 반박 논리를 한눈에 볼 수 있게 표로 정리해 줘."

그러면 Gemini는 수많은 신학 논문과 역사적 기록을 토대로 명쾌한 요약본을 내놓습니다. 여기서 중요한 점은, 우리가 자료를 찾는 수고를 덜었다는 것 자체가 목적이 아니라는 것입니다. 자료를 찾는 데 쓰던 에너지를 이제는 오롯이 '깊은 묵상과 영적 성찰'에 쏟을 수 있게 되었다는 점이 핵심입니다. Gemini가 주는 통찰의 선물은 목회자의 설교에 깊이를 더하고, 성도들에게는 더 명확한 진리의 가이드를 제시하게 합니다.

2. 두 번째 선물: '언어의 선물'

목회자는 결국 언어를 다루는 '말씀의 전달자'입니다. 하지만 아무리 귀한 진리도 너무 어렵거나 딱딱하게 전달되면 성도들의 마음 문턱을 넘지 못합니다. 우리는 주일에는 장년층을, 평일에는 상담 대상자를, 때로는 주일 학교 아이들을 마주하며 매번 다른 '언어'를 사용해야 합니다.

Gemini는 이 지점에서 탁월한 '언어 전문가'의 면모를 보여 줍니다. 제가 자주 사용하는 방법 중 하나는 어려운 신학 개념을 '비유'로 바꾸는 것입니다.

> '칭의(Justification)'라는 개념을 초등학생 아이들도 이해할 수 있게 쉬운 예화와 따뜻한 말투로 설명해 줄래?"

또한 히브리어나 헬라어 원문의 뉘앙스가 설교 문장에 잘 녹아 들지 않을 때도 Gemini의 도움을 받을 수 있습니다. Gemini는 딱딱한 신학적 정의를 은혜로운 설교 언어로 변환해 주고, 평범한 공지 문구를 성도의 마음을 두드리는 따뜻한 초대장으로 다듬어 줍니다. 덕분에 우리의 메시지는 더 정확해지면서도, 동시에 성도의 삶 깊숙이 닿는 '사랑의 언어'가 됩니다.

3. 세 번째 선물: '창의력의 선물'

사역을 하다 보면 늘 '새로움'이라는 벽에 부딪힙니다. 매년 돌아오는 여름 성경 학교, 부활절 행사, 추수감사절 축제 등 분명 귀한 절기인데, 매번 비슷한 프로그램으로 진행하다 보면 사역자도 성도도 매너리즘에 빠지기 쉽습니다. 머리를 쥐어짜 봐도 신선한 아이디어가 떠오르지 않을 때, Gemini는 최고의 '브레인스토밍 파트너'가 됩니다.

"올해 여름 성경 학교 주제는 '광야'야. MZ세대 부모들도 함께 참여하고 싶어 할 만큼 참신하고 역동적인 프로그램 아이디어를 5가지만 제안해 줘."

물론 Gemini가 내놓는 모든 아이디어가 정답은 아닐 것입니다. 하지만 '아, 이런 각도에서도 생각할 수 있겠구나!' 하는 자극을 줍니다. 내 생각의 좁은 틀을 깨고 새로운 발상을 시작하게 돕는 '마중물' 역할을 하는 것입니다. Gemini의 창의력 선물은 목회 현장에 다시금 활력을 불어넣고, 목사님이 가진 영감에 날개를 달아 줄 것입니다.

4. 네 번째 선물: '시간의 선물'

어쩌면 목회자에게 가장 절실하고 실감 나는 선물은 바로 이 '시간'일 것입니다. 주보에 들어갈 짧은 칼럼, 당회 보고서, 각종 공문과 이메일 등 이런 반복적인 문서 작업은 때때로 목회자의 어깨를 무겁게 짓누릅니다. Gemini는 이런 행정 업무의 시간을 획기적으로 줄여 줍니다.

이렇게 Gemini가 10분 만에 뽑아 준 초안을 목사님이 검토하고 다듬기만 해도, 서너 시간을 족히 벌 수 있습니다. 그렇다면 그렇게 아낀 소중한 시간은 어디로 가야 할까요? 맞습니다. 더 깊이 있는 성도 돌봄, 눈물 어린 기도, 그리고 말씀 묵상의 자리입니다. 결국 Gemini가 주는 시간의 선물은 목사님을 다시 '목회자의 본질'로 되돌려 보내 주는 가장 고마운 선물입니다.

5. 접속부터 첫 대화까지: 시작 가이드

자, 이제 이론은 접어 두고 직접 Gemini의 얼굴을 마주해 볼까요? 방법은 아주 간단합니다.

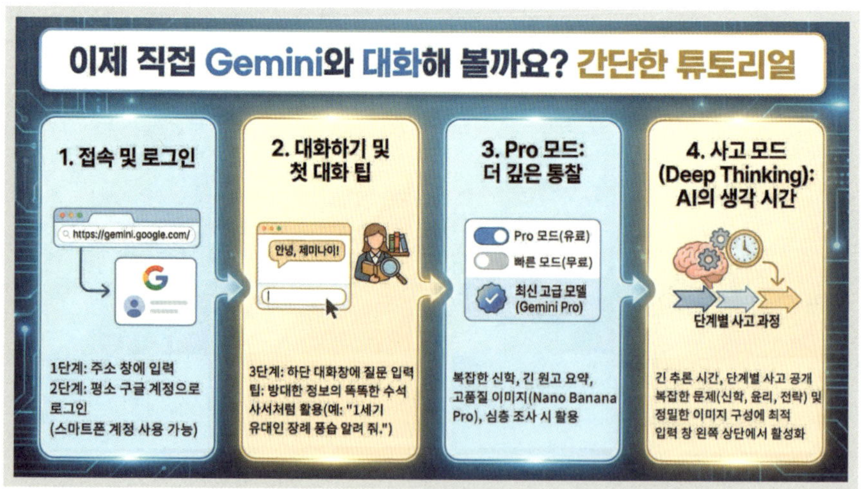

① 1단계: 접속하기

인터넷 브라우저 주소 창에 https://gemini.google.com/을 입력합니다.

② 2단계: 로그인

평소 사용하시는 구글 계정으로 로그인하세요. (스마트폰에 유튜브나 지메일이 있다면 이미 계정을 가지고 계신 것입니다!)

③ 3단계: 대화하기

화면 하단에 있는 긴 대화 창이 보이시나요? 그곳에 목사님의 고민이나 질문을 자유롭게 입력해 보세요. "안녕, Gemini! 앞으로 나랑 같이 사역 잘해 보자"라고 인사부터 건네 보시는 건 어떨까요?

6. 첫 대화 팁

Gemini는 다릅니다. 이 도구는 방대한 정보의 바다에서 내 곁에 딱 붙어 대화하는 '똑똑한 수석 사서'와 같습니다. 세상의 수많은 책, 논문, 최신 뉴스를 학습한 Gemini에게 이렇게 물어보십시오.

"1세기 유대인의 장례 풍습에 대해 알려 줘."

"오늘 설교 본문인 사도행전의 시대적 배경을 핵심만 요약해 줄래?"

그러면 Gemini는 수백 권의 자료를 단숨에 분석해 핵심만 골라 답변을 건넵니다. 마치 믿음직한 연구원이 내 책상 옆에 새로 자리 잡은 셈입니다.

Gemini는 단순히 답을 주는 데서 그치지 않고, 우리와 대화하며 생각을 확장해 줍니다. 우리가 'Prompt(프롬프트)'라고 부르는 대화법만 제대로 익힌다면, 설교 준비부터 행정, 미디어 작업까지 사역 전반에서 놀라운 변화를 경험하시게 될 것입니다.

7. Pro 모드와 사고 모드(Deep Thinking) 활용법

Gemini 3를 사용하다 보면 프롬프트 창 오른쪽에 세 가지 모드 선택 옵션이 보입니다. 목회자가 사역 현장에서 효율적으로 AI를 활용하려면, 각 모드의 특성과 차이점을 정확히 이해하고 상황에 맞게 선택해야 합니다.

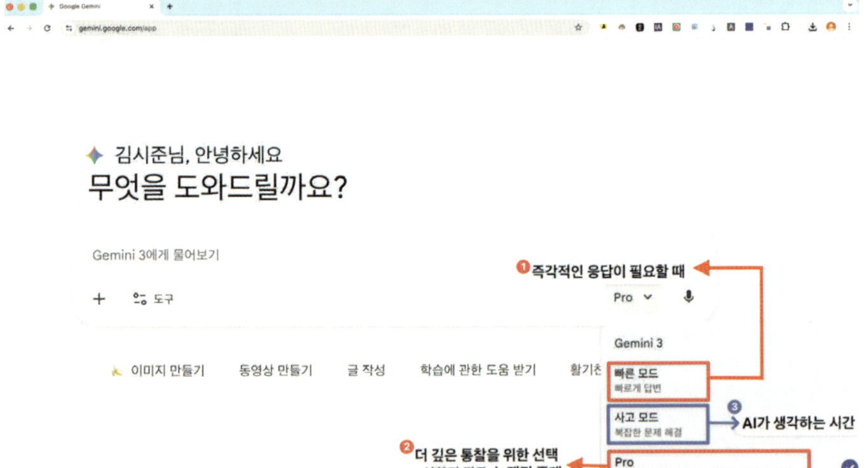

1) 빠른 모드(Flash): 즉각적인 응답이 필요할 때

빠른 모드는 Gemini 3 Flash 모델을 사용하며, 2025년 12월부터 Gemini 앱의 새로운 기본 모델로 설정되었습니다. Flash는 Pro급 추론 능력을 Flash 수준의 속도와 저렴한 비용으로 제공합니다.

Flash 모드는 간단한 성경 구절 검색, 일상적인 행정 업무, 짧은 이메일 작성 같은 단순 작업에 적합합니다. 몇 초 안에 답을 내놓기 때문에 반복적이고 즉각적인 정보가 필요한 경우에 효율적입니다. 흥미롭게도 Flash는 코딩 작업에서 Pro를 능가하는 성능(78% 대 76%)을 보이기도 합니다.

2) Pro 모드: 더 깊은 통찰을 위한 선택

Gemini에는 무료로 사용할 수 있는 '빠른 모드'와 유료 구독자를 위한 'Pro 모드'가 있습니다. Pro 모드를 선택하면 Gemini 3 Pro 같은 최신 고급 모델을 사용할 수 있습니다.

Pro 모드가 필요한 경우:

- 복잡한 신학적 질문이나 논쟁적인 주제를 다룰 때
- 긴 설교 원고나 논문을 요약하고 분석할 때
- 나노바나나프로(Nano Banana Pro)를 사용하여 고품질 이미지를 생성할 때
- Deep Research 기능을 사용하여 심층 조사를 수행할 때

3) 사고 모드(Deep Thinking Mode): AI가 생각하는 시간

현재, Gemini의 가장 혁신적인 기능 중 하나가 바로 '사고 모드(Deep Thinking

Mode)'입니다. 이 모드를 활성화하면 Gemini는 즉각적으로 답을 내놓는 대신, 마치 인간처럼 '생각하는 과정'을 거칩니다.

- 긴 추론 시간: 일반 모드가 몇 초 안에 답을 내놓는다면, 사고 모드는 몇 분을 투자하여 더 깊고 정확한 답을 제시합니다.
- 단계별 사고 과정 공개: Gemini가 "이 질문을 풀기 위해서는 먼저 이 부분을 살펴봐야겠다"라고 중간 과정을 보여 주며 논리적으로 접근합니다.
- 복잡한 문제 해결에 최적: 다층적인 신학적 질문, 윤리적 딜레마, 전략적 기획 등에 특히 강력합니다.
- 사고 모드가 필요한 경우:
  - "칼뱅주의와 알미니안주의의 예정론 차이를 비교하고, 각각의 성경적 근거와 신학적 함의를 분석해 줘"처럼 복잡하고 다층적인 질문을 던질 때
  - 교회 비전 수립, 장기 사역 전략 같은 중대한 의사결정을 할 때
  - 이미지 생성(나노바나나프로)에서 복잡한 구성이나 여러 요소가 정밀하게 배치되어야 할 때
- 사고 모드 활성화 방법: 프롬프트 입력창 왼쪽 상단에서 'Pro 모드' 또는 '사고 모드(Deep Thinking Mode)'를 선택하십시오. 특히 이미지 생성 시 사고 모드를 활성화하면, Gemini가 이미지를 생성하기 전에 구성과 논리를 테스트하는 중간 과정을 거치므로, 특정 사물 배치나 조명 각도 같은 복잡한 지시 사항도 정확하게 구현됩니다.

제7장
Deep Research(신학 연구 전문가)

"목사님, 이번 주 설교 준비를 위해 바울의 옥중 서신 배경을 조사하고 계시는 군요. 벌써 셋째 날인데 자료 정리는 다 되셨나요?"

목회와 학문을 위한 맞춤형 AI 동역자가 필요한 순간입니다. 목회자에게 깊이 있는 사역이란 무엇일까요? 그것은 끊임없는 연구와 배움, 그리고 신학과 사회의 복잡한 질문들에 응답하는 여정입니다. 한 주간 우리가 마주하는 고민은 참으로 다양합니다.

"바울의 옥중 서신은 역사적으로 어떤 의미를 지니고 있습니까?"

"2026년 현재, 메타버스를 넘어선 새로운 소통 시대에 청년들의 신앙 갈등에는 어떻게 다가가야 할까요?"

"이단의 주장은 성경 진리와 어디에서 어긋나고 있을까요?"

예전에는 이런 질문 하나를 제대로 풀기 위해 도서관을 오가며 수많은 책과 논문을 밤새 뒤적여야 했습니다. 관련 자료를 찾는 것만으로도 며칠이 걸렸고, 그것들을 정리하고 비교하는 데 또 다른 시간이 필요했습니다. 하지만 지금은 다릅니다. Gemini의 'Deep Research' 기능이 방대한 지식의 길을 순식간에 열어, 사역의 전문성과 깊이를 전에 없이 높여 주기 때문입니다.

1. 방대한 자료를 한 권의 보고서로: Deep Research란 무엇인가?

1) Deep Research의 정의와 진화

Deep Research는 Gemini의 핵심 기능 중 하나로, '스스로 판단하고 움직이는 자동화된 연구 전문가'입니다. 이는 단순히 검색 결과를 나열하는 기존 방식과는 차원이 다릅니다. 2024년 12월 처음 공개된 Deep Research는 Gemini의 혁신적인 돌파구였습니다. 현재, Deep Research는 Gemini 3 Pro와 결합하여 더욱 강력해졌습니다. 이 기능은 복잡한 주제를 심도 있게 조사하고, 여러 관점을 통합하며, 종합적인 보고서를 생성합니다.

2) Deep Research의 핵심 특징

① 자동화된 연구 계획 수립

목사님이 질문을 던지면, Deep Research는 먼저 논리적이고 체계적인 연구 계획을 세웁니다. 마치 경험 많은 연구원이 "이 질문을 풀기 위해서는 이런 순서로 접근하겠습니다"라고 보고하듯, 연구의 로드맵을 제시하는 것입니다.

② 방대한 데이터 탐색

글로벌 신학 데이터베이스, 최신 논문, 신학 서적, 각종 웹 자료 등 방대한 데이터를 자동으로 탐색합니다. 약 60개 이상의 웹 사이트를 조사하며, 평균 20분 정도의 시간을 투자하여 깊이 있는 분석을 수행합니다.

③ 비판적 평가

AI는 단순히 자료를 수집하는 데 그치지 않고 비판적으로 자료를 평가합니다. 핵심 논점과 반대 의견을 찾아내며, 출처의 신뢰도까지 꼼꼼히 체크합니다.

④ 백그라운드 실행

'background=true' 옵션을 활성화하면 AI가 백그라운드에서 작업을 수행하므로, 목사님이 다른 업무를 보시는 동안에도 연구가 진행됩니다.

⑤ 종합 보고서 생성

수많은 출처를 통합하고 압축해서 목회 현장에 바로 적용할 수 있는 '맞춤형 보고서'를 단 몇 분 만에 생성해 냅니다. 이 보고서는 신학교 조교가 급하게 작성한 메모 수준이 아닙니다. 논리적 구성과 근거, 명확한 결론 제시, 쟁점별 요약, 심지어 실천 방안까지 포함될 만큼 높은 완성도를 자랑합니다.

3) NotebookLM과의 완벽한 통합

2025년 12월, Deep Research는 NotebookLM과 완전히 통합되었습니다. Deep Research에서 생성한 보고서를 NotebookLM에 소스로 추가하면, AI 팟캐스트를 만들거나 추가 질문을 던지며 더 깊은 분석을 할 수 있습니다.

이는 연구의 효율성을 기하급수적으로 증폭시킵니다.

2. 연구 계획 검토와 자동화된 분석: 단계별 사용법

사용법은 생각보다 간단합니다. 마치 유능한 연구원에게 업무를 지시하듯 자연스럽게 대화하시면 됩니다.

1) 질문 및 연구 의뢰

질문이 구체적일수록 결과가 더 전문화됩니다. 막연하게 "청년 사역에 대해 알려 줘"라고 묻는 것보다 구체적으로 요청하는 것이 훨씬 효과적입니다.

| 프롬프트 예시 |

"2026년 한국 기독 청년들의 주요 사회적 고민과 이에 대한 교회의 신학적 대응 방안을 심층적으로 조사하고, 보고서 형식으로 요약해 줘."

[구체적인 프롬프트 작성 팁]
- 연구 주제를 명확하게 정의하십시오.
- 원하는 분석 범위(시대, 지역, 관점)를 지정하십시오.
- 보고서 형식(표, 비교 분석, 시대별 정리 등)을 요청하십시오.
- 1:6:9 비율을 활용하십시오(주제 1개, 하위 질문 6개, 구체적 요구 사항 9개).

2) 연구 계획 검토

질문을 던지면 Gemini가 "이런 순서로 연구하겠습니다"라고 구체적인 계획을 보여 줍니다. 이 단계가 중요한 이유는 연구의 방향을 미리 확인하고 조정할 수 있기 때문입니다. 예를 들어, "2026년 한국 교회의 청년 감소 원인 분석"을 요청하면 다음과 같은 연구 계획을 제시합니다.

- 한국 청년층의 인구 통계학적 변화 조사(2020–2025)
- 청년들의 종교관 변화에 대한 사회학적 연구 검토
- 교회 출석률 감소의 주요 원인 분석
- 성공적인 청년 사역 사례 연구
- 신학적 · 목회적 대응 방안 제안

이때 불필요한 부분은 빼고, 더 궁금한 부분은 추가 요청할 수 있습니다. "이 부분은 제외하고, 대신 이 주제를 더 깊이 다뤄 줘"라고 지시하면 됩니다.

3) 자동화된 자료 분석 및 보고서 작성

이제 Gemini가 수백 개의 소스를 읽기 시작합니다. 신학 논문, 뉴스 기사, 통계 자료, 교회 동향 분석 등을 순식간에 검토하며 핵심을 추출합니다. 잠시 차 한 잔 드시고 오시면, 표와 차트가 곁들여진 정밀한 보고서가 완성되어 있을 것입니다. 이 시간은 보통 5분에서 10분 정도 소요됩니다.

[Deep Research 수행 작업 및 보고서 구성]
- 수행 작업: 60개 이상의 신뢰할 수 있는 웹 소스 조사, 학술 논문 및 데이터 분석, 다양한 관점과 반대 의견 포함, 출처별 인용과 각주 자동 생성, 시각적 표와 다이어그램 포함.
- 보고서 형식: 요약(Executive Summary), 주요 발견사항(Key Findings), 상세 분석(Detailed Analysis), 출처 목록(Sources), 실천적 제안(Recommendations).

4) 심화 리뷰 및 후속 질의

첫 번째 보고서가 완성된 후에도 대화는 끝나지 않습니다. "이 부분의 반대 입장은 어떻습니까?", "우리 교회 상황에 맞춘 구체적인 적용 사례를 더 보여 주세요"라고 덧붙이면 연구는 더욱 깊어집니다. 마치 실제 연구원과 토론하듯 계속해서 질문하고 보완할 수 있습니다.

- "이 보고서에서 가장 시급한 3가지 실행 과제는 무엇인가요?"
- "중소형 교회에서 예산이 제한적일 때 우선순위는 무엇입니까?"
- "이 전략을 우리 교회 상황에 맞게 6개월 로드맵으로 만들어 줘."

3. 목회 현장 활용 시나리오: 설교 준비와 전략 수립

1) 설교 준비를 위한 심층 분석

"성령론의 고대 · 중세 · 현대 논쟁사를 거시적으로 정리하고, 주요 학자별 견해 차이를 표로 요약해 줘"라고 요청해 보십시오. Deep Research는 시대별 주요 쟁점과 신학자들의 핵심 주장, 반대 근거, 그리고 오늘날 우리 교회에 주는 실천적 의미까지 체계적으로 정리해 줍니다. 설교 준비 과정에서 신학적 깊이를 더하고 싶을 때, 이보다 효율적인 방법을 찾기 어려울 것입니다.

주제: 요한복음 3장 '거듭남' 개념의 신학적 깊이

프롬프트: "요한복음 3장의 '거듭남(born again)' 개념을 다음 관점에서 심층 분석해 줘.

- 헬라어 원어(anothen) 분석: '위로부터' vs '다시'의 의미
- 1세기 유대교 배경에서의 개종 의식과의 연관성
- 교부시대부터 현대까지 주요 신학자들의 해석 변천사
- 현대 복음주의와 자유주의 신학의 해석 차이

- 한국 교회 맥락에서의 실천적 적용 방안

  (보고서는 목회자를 위한 설교 준비 자료 형식으로 작성해 줘.)"

결과물: 40개 이상의 신학 논문과 주석서 분석, 원어 분석과 문화적 배경 설명, 역사적 해석의 흐름을 시각적 타임라인으로 제시, 현대적 적용을 위한 예화 제안, 소그룹 토의 질문 5가지.

2) 교회 비전 및 성장 전략 연구

"우리 지역 인구 통계 변화와 세대별 종교관 데이터를 분석해서 내년도 전도 전략 보고서를 만들어 줘"와 같은 복잡한 명령도 거뜬히 수행합니다. 지역 사회 분석, 인구 변화 추이, 세대별 특성, 효과적인 전도 방법론까지 망라한 데이터 기반의 상세한 진단을 받게 됩니다. 이는 당회나 제직회에서 설득력 있는 비전을 제시하는 데 큰 힘이 됩니다.

| 실제 활용 예시 |

주제: 수도권 중소형 교회의 2027년 사역 전략

프롬프트: "서울시 서대문구 지역의 인구 통계 변화(2020–2025)를 분석하고, 다음을 포함한 전도 전략 보고서를 작성해 줘.

- 연령대별 인구 변화와 종교 성향
- MZ세대 대상 효과적인 전도 방법론 연구
- 디지털 네이티브 세대를 위한 온라인 사역 전략
- 재정 규모 5억 미만 교회의 실현 가능한 실행 계획

- 6개월 단위 로드맵과 예상 성과 지표

  (당회 발표용으로 PPT 슬라이드 구조도 함께 제안해 줘.)”

결과물: 통계청 데이터 기반 인구 분석, 최신 교회 성장 연구 논문 50편 이상 검토, 성공 사례 3~5개 벤치마킹, 예산별 우선순위 전략 제시, 위험 요소(Risk factors)와 대응 방안, 제직회 발표를 위한 PPT 아웃라인(10~15페이지).

3) 신학적 논쟁 이해

“칼뱅주의 vs 알미니안주의의 예정론 논쟁을 비교 분석하고, 각각의 성경적 근거와 신학적 함의를 정리해 줘. 중립적인 시각에서 양측의 강점과 약점도 포함해서”라고 요청하면, Deep Research는 20개 이상의 신뢰할 수 있는 신학 자료를 조사하여 균형 잡힌 시각으로 복잡한 신학 논쟁을 정리해 줍니다. 이는 교리 교육이나 성경 공부 리더 훈련에 매우 유용합니다.

4) 사회 이슈에 대한 신학적 응답

“2026년 인공 지능 시대, 기독교 신학은 ‘인간의 고유성’과 ‘하나님의 형상’을 어떻게 재해석하고 있는가? 최신 신학적 논의와 목회적 대응 방안을 조사해 줘”와 같은 현대적이고 복잡한 질문에도 Deep Research는 최신 신학 저널, 학회 논문, 전문가 인터뷰 등을 종합하여 목회 현장에 적용 가능한 통찰을 제공합니다.

4. Deep Research 활용 꿀팁

1) 구체적으로 지시하십시오

"논문 5편을 핵심 논점별로 정리해 줘"처럼 숫자와 형식을 명확히 지정하면 더 정확한 결과를 얻을 수 있습니다. 막연한 질문보다는 구체적인 요구 사항이 더 나은 답변을 이끌어 냅니다.

2) 피드백을 아끼지 마십시오

결과가 기대에 미치지 못한다면 "방향을 좀 수정해 보자". "이 부분은 더 심화해서 다시 분석해 줘"라고 솔직하게 말하십시오. Gemini는 목사님의 피드백을 통해 더 정확하고 유용한 결과를 만들어 냅니다.

3) PDF로 저장하고 NotebookLM에 연동하십시오

완성된 Deep Research 보고서는 PDF로 다운로드할 수 있습니다. 이 PDF를 NotebookLM에 소스로 업로드하면 다음과 같은 활용이 가능합니다.

- AI 팟캐스트로 변환하여 이동 중에 청취
- 보고서 내용에 대해 추가 질문 및 분석
- 여러 보고서를 종합하여 더 큰 프로젝트 기획

4) 분별의 영성을 잊지 마십시오

AI가 제공한 자료는 훌륭한 '초안'입니다. 하지만 최종적으로 말씀의 거름망에 걸러 성도들에게 전하는 것은 목사님의 영성과 책임입니다. Deep Research의 결과를 무비판적으로 받아들이지 말고, 반드시 성경적 관점에서 검토하고 판단하십시오.

Deep Research는 단순히 자료를 대신 찾아 주는 도구가 아닙니다. 목사님과 함께 문제를 고민하고, 더 깊고 넓은 시야로 사역을 준비하도록 돕는 지혜로운 동행자입니다. 이 전문가와 함께라면, 목회자의 연구와 학습은 새로운 차원으로 도약할 것입니다.

제8장
Canvas(전략 기획 파트너)

'이번 수련회는 정말 은혜로워야 할 텐데...' 하고 마음으로는 감동적인 프로그램을 그리고 계시지만, 막상 기획안을 펼쳐 놓으면 막막하실 때가 있지 않으신가요? 비전은 분명한데 그것을 체계적인 문서로, 실행 가능한 일정표로, 팀원들과 공유할 수 있는 프레젠테이션으로 만드는 과정은 참으로 고단합니다. 저 역시 그랬습니다. 새벽에 받은 영감을 흰 백지 앞에 앉아 어떻게 풀어낼지 몰라 한숨을 쉬곤 했습니다.

그런데 Gemini Canvas를 만나고 나서 제 사역의 이야기가 완전히 달라졌습니다. Canvas는 단순히 문서를 작성해 주는 도구가 아닙니다. 목사님과 나란히 앉아 화이트보드에 그림을 그리며 사역의 밑그림을 현실로 빚어내는 '교회 전략실의 수석 비서관'입니다. 비전이 계획이 되고, 계획이 문서가 되며, 문서가 실행으로 이어지는 전 과정을 함께 걸어가는 가장 든든한 동역자입니다.

1. Canvas의 핵심 기능: 문서, 프레젠테이션, 웹 앱의 자동화

Canvas는 Gemini 생태계 내에서 '비전·전략·일정·행정·프로젝트'를 전담하는 '기획 전문가'입니다. 2025년 3월 Gemini 2.0 Flash와 함께 처음 공개된 Canvas는, 일반적인 대화창이 '말'을 주고받는 곳이라면, 그 말을 '문서와 도표로 구체화하는 전용 작업실'이라 할 수 있습니다.

Canvas가 제공하는 기능은 놀랍도록 다양합니다. 축제 기획안부터 인력 배치도, 예산 분석표, 갠트 차트(Gantt Chart)까지 모든 행정 서류를 시각적으로 설계합니다. 복잡한 일정을 한눈에 볼 수 있는 도표로 만들어 전체 사역의 흐름을 파악하기 쉽게 해 줍니다.

더욱 놀라운 것은 자동 프레젠테이션 생성 기능입니다. Canvas에서 정리된 기획안을 단 한 번의 클릭으로 구글 슬라이드(Google Slides)로 변환하여 제직회나 당회 발표 자료를 완성합니다. 2025년 10월 업데이트로 추가된 이 기능은 프롬프트나 문서 업로드만으로 완전한 슬라이드 덱을 자동 생성합니다. 테마, 레이아웃, 그리고 관련된 시각 자료까지 모두 자동으로 구성되어 발표 준비 시간을 획기적으로 단축시킵니다.

또한 Canvas는 데이터 기반 브레인스토밍을 지원합니다. "우리 지역 인구 통계를 고려할 때, 올해 전도 축제의 타겟을 누구로 잡으면 좋을까?"와 같은 복합적인 전략 질문에 최신 데이터로 응답합니다. 이는 단순한 추측이 아닌 실제 데이터에 기반한 의사 결정을 가능하게 합니다.

특히 2025년 말 업데이트를 통해 코딩 없이도 완전히 작동하는 웹 애플리케
이션을 생성할 수 있게 되었습니다. 출석 관리 앱, 소그룹 배정 계산기, 헌금
통계 대시 보드 등 교회 행정에 필요한 맞춤형 도구를 몇 분 만에 만들 수 있
습니다. 현재 Gemini 3.0 Pro 업그레이드로 코딩 능력이 대폭 강화되어, 더
욱 복잡하고 정교한 웹 앱 개발이 가능해졌습니다.

예를 들어, "성탄 축제 계획을 짜 줘"라고 하면 Canvas는 단순히 순서지만 나
열하는 것이 아니라 예산의 효율적 배분과 예상되는 리스크, 그리고 팀별 체
크 리스트까지 한 장의 Canvas에 체계적으로 담아냅니다. 이는 사역자의 '생
각의 용량'을 획기적으로 비워 주는 놀라운 경험입니다. 마치 경험 많은 행정
전도사가 옆에 앉아 함께 계획을 짜는 것 같은 느낌을 받게 될 것입니다.

2. 기술의 정점: NotebookLM, Deep Research와의 실시간 협업

현재 가장 혁신적인 업데이트 중 하나는 바로 NotebookLM 및 Deep Research
와 Canvas의 완전한 통합입니다. 현재 이 기능은 Canvas를 단순히 '똑똑한 AI'
수준을 넘어 '우리 교회 사정에 정통한 전임 비서'로 진화시켰습니다. 이는 목
회자 개인의 철학과 교회의 고유한 사정을 데이터로 학습하여 더욱 맞춤화된
조언을 제공한다는 의미입니다.

목사님이 지난 수년간 NotebookLM에 차곡차곡 쌓아 온 '목회 철학 메모',
'주석 연구 자료', '성도들의 상담 일지 분석', '지난해 사역 평가서' 등이 있다
고 가정해 봅시다. Canvas에서 기획을 시작할 때, 목사님은 이제 이렇게 명

령할 수 있습니다.

이 명령 한 줄에 Canvas는 NotebookLM의 깊은 서재로 달려가 목사님만의 고유한 자료를 읽고, 그 맥락을 반영한 전략을 수립합니다. 외부의 뻔한 정보가 아닌 목사님의 '심장 소리가 담긴 데이터'를 근거로 계획을 세우는 것입니다. 이는 목회적 상황에 대한 깊은 이해를 바탕으로 한 조언이므로, 실제 교회 현장에 훨씬 더 적합한 전략이 나올 수 있습니다.

더 나아가 2025년 12월 업데이트를 통해 Deep Research 기능이 Canvas에 완전히 통합되었습니다. 이제 심층 리서치 보고서를 업로드하거나 파일과 이미지를 소스로 사용하여, 그 보고서를 인터랙티브한 시각 자료, 퀴즈, 앱으로 변환할 수 있습니다. 예를 들어 "우리 지역 청년층 인구 변화 추이를 Deep Research로 조사하고, 그 결과를 Canvas에서 시각화된 차트와 전도 전략 문서로 만들어 줘"라고 요청할 수 있습니다.

또한 Deep Research는 Gmail, Google Drive, 그리고 Google Chat과도 통합되어 있어, 목사님의 이메일, 교회 문서, 그리고 팀과의 대화 내용까지 모두 자료로 활용할 수 있습니다. 이는 진정한 의미에서 '교회의 모든 정보를 아우르는' 전략 수립을 가능하게 합니다. 이것이야말로 기술이 사역의 본질을 침범하지 않고, 오히려 목사님의 목회 철학을 더 정교하고 견고하게 현실화하도록 돕는 결정적인 지점입니다.

3. Canvas 활용 단계별 가이드: 상상이 사역이 되는 과정

Canvas를 우리 교회 사역의 '전략 사령부'로 활용하는 구체적인 단계를 안내해 드립니다.

1) 1단계: 목표 설정과 입체적 요청(Prompting)

Canvas의 능력을 120% 끌어내려면 질문이 입체적이어야 합니다. 단순한 질문보다는 사역의 구체적인 상황을 넣어 주세요. 마치 옆에 앉은 비서에게 상황 설명을 하듯 자세하게 말씀하시면 됩니다.

"내년 전교인 수련회를 기획해 줘. 주제는 '회복의 숲'이야. @NotebookLM에 있는 내 최근 설교 시리즈 '치유'의 핵심 키워드들을 반영해서 주제 강의 커리큘럼을 잡고, 300명 규모의 식단표, 팀별 업무 분장표, 그리고 전체 예산 1,000만 원 내에서의 세부 지출 계획을 표로 정리해 줘."

이렇게 요청하면 Canvas는 목사님의 영적 비전과 실무적 제약 조건을 모두 고려하여 계획을 세우게 됩니다.

2) 2단계: 전략 설계 및 실시간 보정(Drafting & Editing)

요청을 받으면 Canvas 창에서 조직도와 예산표가 실시간으로 그려지기 시작합니다. 이때 목사님은 마치 유능한 행정 전도사님과 대화하듯 수정 지시를 내릴 수 있습니다. 작업이 진행 중인 상태에서도 즉시 의견을 반영할 수 있다는 것이 큰 장점입니다.

"예산에서 간식비 비중이 너무 높은 것 같아. 10% 줄여서 강사비 쪽으로 옮겨 줘"라고 말씀하시면, Canvas는 즉시 수치를 재계산하여 표를 업데이트합니다. Canvas 내의 빠른 편집 도구를 사용하여 톤, 길이, 서식을 변경할 수도 있습니다. 이는 단순히 문서를 다시 작성하는 것이 아니라, 실시간으로 협력하는 경험입니다.

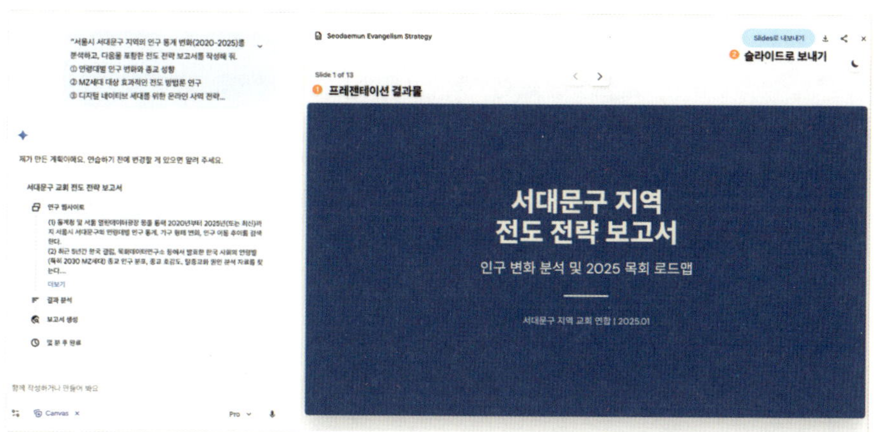

3) 3단계: 자동 프레젠테이션 생성(Slide로 내보내기)

기획안이 완성되었다면, 이제 당회나 제직회, 혹은 사역 팀 리더들에게 브리핑할 자료를 만들 차례입니다. 이 단계가 Canvas의 가장 놀라운 기능 중 하나입니다.

Canvas 작업 창 하단의 대화 입력 창에 "이 기획안을 바탕으로 발표용 슬라이드 만들어 줘(프레젠테이션 자료로 만들어 줘)"라고 입력합니다. Gemini가 각 슬라이드의 제목과 내용을 자동으로 구성합니다. 테마, 레이아웃, 관련 이미지까지 포함된 완전한 프레젠테이션이 생성됩니다. 2025년 10월 업데이트로 강화된 이 기능은 이제 더욱 세련되고 전문적인 슬라이드를 만들어 냅니다.

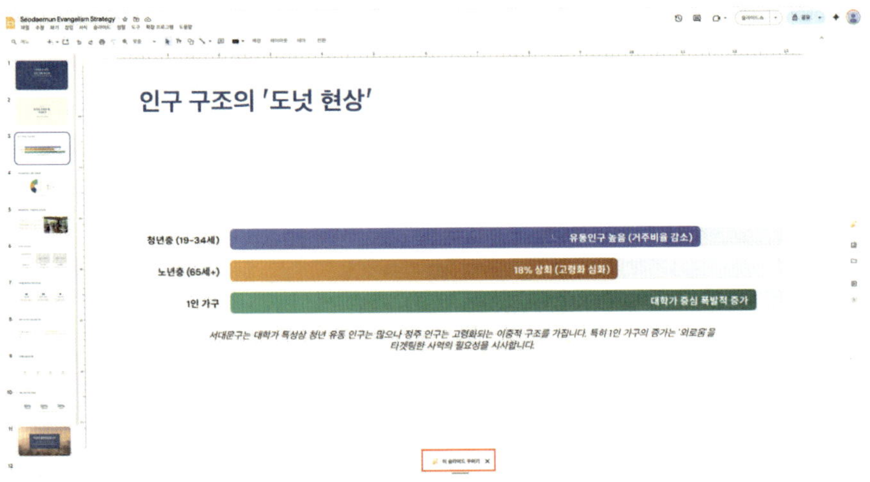

우측 상단의 [슬라이드로 내보내기] 버튼을 클릭하면, 단 몇 초 만에 편집 가능한 구글 슬라이드 파일로 변환됩니다. 클라우드에 자동 저장되므로, 언제 어디서든 스마트폰으로도 접근할 수 있습니다.

구글 슬라이드에서 다시 나노바나나프로 기능이 있는 '이 슬라이드 꾸미기'를 활용하면, 시각적으로 변화된 슬라이드를 만들 수 있습니다. "이미지를 사진 대신 일러스트레이션으로 바꿔 줘", "이 슬라이드를 2단 구성으로 바꿔 줘" 같은 세밀한 수정도 대화만으로 가능합니다. 슬라이드 톤도 "친근하게".
"전문적으로". "따뜻하게" 등으로 자유롭게 조정할 수 있습니다.

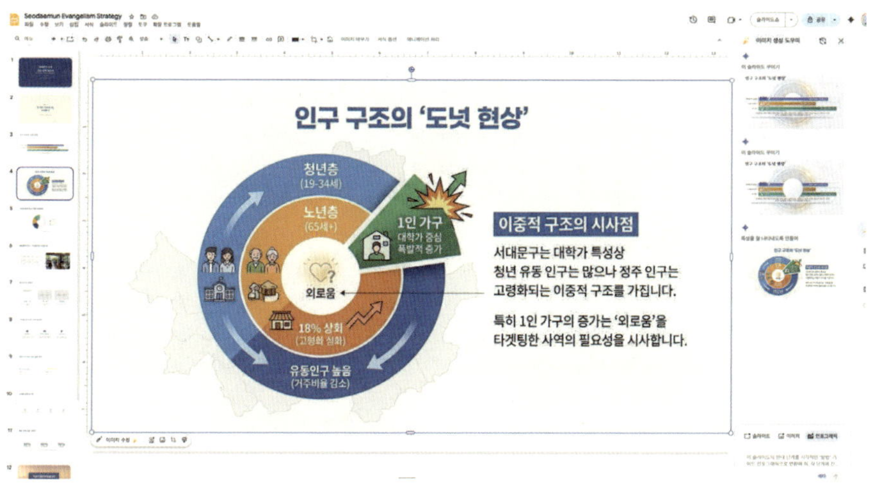

4. 코딩 없는 혁신: 인터랙티브 웹 앱 생성

Canvas의 가장 혁명적인 기능 중 하나는 바로 웹 애플리케이션 생성입니다.
목사님이 "출석 관리 앱이 있으면 좋겠는데…" 하고 생각하시는 것만으로 끝
나지 않습니다. Canvas에게 그 필요를 말씀하시면, 실제로 작동하는 웹 애플
리케이션을 만들어 줍니다.

예를 들어 이렇게 요청해 보십시오.

"우리 교회 소그룹 배정 계산기를 만들어 줘. 성도 이름과 나이, 성별, 거주 지

Canvas는 이 요청을 받아 즉시 HTML, JavaScript, CSS로 구성된 완전히 작동하는 웹 애플리케이션을 생성합니다. 목사님은 프로그래밍 언어를 몰라도 전혀 상관없습니다. 생성된 앱은 Canvas 창에서 바로 실행해 볼 수 있으며, “여기에 필터 기능 추가해 줘”, “버튼 색상을 파란색으로 바꿔 줘” 같은 요청으로 실시간 수정도 가능합니다.

현재 Gemini 3.0 Pro 업그레이드로 코딩 능력이 대폭 강화되어, 더욱 복잡하고 정교한 웹 앱 개발이 가능해졌습니다. 이제 Canvas는 다음과 같은 교회 행정 도구들을 손쉽게 만들 수 있습니다.

- 출석 통계 대시 보드: 주 차별, 부서별 출석 추이를 그래프로 보여 주는 인터랙티브 차트
- 헌금 집계 계산기: 주일 헌금, 십일조, 감사 헌금 등을 자동으로 분류하고 합산하는 도구
- 심방 일정 관리 앱: 성도 정보와 심방 날짜를 입력하면 자동으로 일정표를 생성하고 알림을 주는 시스템
- 성경 퀴즈 생성기: 성경 본문을 입력하면 자동으로 OX 퀴즈와 객관식 문제를 만들어 주는 교육 도구

완성된 웹 앱은 Canvas에서 직접 다운로드하거나 Google Drive에 저장하여

팀원들과 공유할 수 있습니다. 교회 홈페이지에 삽입하는 것도 가능합니다. 이는 목사님께서 IT 전문가를 고용하지 않아도, 교회의 고유한 필요에 맞는 맞춤형 디지털 도구를 갖출 수 있다는 의미입니다.

5. 목회 현장을 위한 Canvas 실전 시나리오

1) 시나리오 1: 연간 사역 계획서 작성

매년 초 당회나 제직회에 제출해야 하는 연간 사역 계획서. 이것을 작성하는 데만 며칠이 걸리셨을 것입니다. 이제 Canvas에게 이렇게 요청해 보십시오.

> "2026년 우리 교회 연간 사역 계획서를 작성해 줘. @NotebookLM에 있는 [2025년 사역 평가 보고서]를 참조해서, 부족했던 점을 보완하고 새로운 비전을 담아 줘. ① 부서별 목표와 주요 사역, ② 월별 주요 행사 일정, ③ 예산 편성안, ④ 기대 효과를 포함해서 제직회 발표용으로 작성해 줘."

Canvas는 NotebookLM에 저장된 지난해 평가 자료를 불러와 분석하고, 그 맥락을 반영한 체계적인 계획서를 작성합니다. 부서별 목표는 표로, 월별 일정은 갠트 차트로, 예산은 파이 차트로 시각화하여 한눈에 파악할 수 있게 합니다. 완성된 문서는 "이 계획서를 발표용 슬라이드로 만들어 줘"라고 요청하면 즉시 프레젠테이션으로 변환됩니다.

2) 시나리오 2: 전도 축제 기획과 실행 관리

부활절 전도 축제를 앞두고 계신다면, Canvas는 기획부터 실행까지 전 과정을 체계적으로 관리해 줍니다.

"부활절 전도 축제 '봄날의 초대'를 기획해 줘. ① 타겟: 지역 주민과 새 가족, ② 예산: 500만 원, ③ 기간: 3월 15일 ~ 4월 5일(3주간), ④ 목표: 새 가족 50명 초대. 홍보 전략, 프로그램 구성, 팀별 업무 분장, 주 차별 체크 리스트, 예산 배분을 포함한 종합 기획안을 만들어 줘."

Canvas는 타겟 분석부터 시작하여, SNS 홍보 전략, 현수막 문구 제안, 프로그램 타임 테이블, 팀별 역할 배정표, 주 차별 실행 체크 리스트까지 모든 것을 한 번에 정리해 줍니다. 각 항목은 표와 차트로 시각화되어 있어, 팀 리더들과 공유하기에도 완벽합니다. 행사 진행 중에도 "1주 차 체크 리스트 완료 항목을 표시하고, 미완료 항목은 2주 차로 이월해 줘"라고 요청하면 실시간으로 진행 상황을 업데이트할 수 있습니다.

3) 시나리오 3: 주일 학교 커리큘럼 설계

주일 학교 교사들과 함께 새 학기 커리큘럼을 준비하신다면, Canvas가 든든한 교육 기획자가 되어 줍니다.

"초등부 1학기 성경 공부 커리큘럼을 만들어 줘. 주제는 '예수님의 비유'야. 12주 과정으로, 매주 ① 핵심 성경 본문, ② 학습 목표, ③ 도입 활동, ④ 본 활동, ⑤ 적용 및 암송 구절을 포함해 줘. 각 주 차는 연령별(저학년/고학년) 활동으로 구분해 줘."

Canvas는 12주 전체를 한눈에 볼 수 있는 표로 정리하고, 각 주 차별 세부 교안까지 작성합니다. "3주 차 본 활동을 좀 더 체험형으로 바꿔 줘", "6주 차에 영상 자료 추천해 줘" 같은 수정 요청도 즉시 반영됩니다. 완성된 커리큘럼은 교사들에게 PDF나 구글 문서로 공유할 수 있습니다.

4) 시나리오 4: 상담 기록 및 후속 조치 관리

성도 상담은 목회자의 가장 중요한 사역 중 하나이지만, 상담 내용을 체계적으로 정리하고 후속 조치를 관리하는 것은 쉽지 않습니다. Canvas는 이 부분에서도 탁월한 도움을 줍니다.

> "오늘 김성도 님과의 상담 내용을 정리해 줘. ① 주요 고민: 직장 내 갈등과 신앙 회의, ② 상담 내용: (목사님이 요약한 내용 입력), ③ 기도 제목: 직장 문제 해결과 신앙 회복, ④ 후속 조치: 2주 후 재상담 및 관련 도서 추천. 이 내용을 상담 기록 양식으로 정리하고, 후속 조치 알림을 구글 캘린더에 등록할 수 있게 준비해 줘."

Canvas는 상담 내용을 체계적인 양식으로 정리하고, 후속 조치 항목을 캘린더 이벤트 형식으로 변환하여 제공합니다. 이를 복사해서 구글 캘린더에 붙여 넣으면 자동으로 일정이 등록됩니다. 또한 "@NotebookLM에 저장"을 요청하면, 이 상담 기록이 목사님의 개인 데이터베이스에 안전하게 보관되어 나중에 언제든 참조할 수 있습니다.

6. Canvas 활용 실전 팁

1) 템플릿을 만들어 두세요

자주 반복되는 문서 작업이 있다면, Canvas에게 한 번 완벽하게 작성하도록 요청한 후 그 양식을 템플릿으로 저장해 두십시오. "주보 공지 사항 양식". "소그룹 모임 보고서 양식". "행사 기획안 양식" 등을 미리 만들어 두면, 다음번에는 "지난번에 만든 주보 양식을 불러와서 이번 주 내용으로 채워 줘"라고 요청하는 것만으로도 몇 분 만에 작업이 완료됩니다.

2) 버전 관리를 활용하세요

Canvas에서 작업하는 문서는 자동으로 버전이 저장됩니다. 큰 수정을 하기 전에는 "현재 버전을 저장해 줘"라고 요청하여 안전하게 백업해 두십시오. 나중에 "이전 버전으로 되돌려 줘"라고 하면 언제든 복구할 수 있습니다.

3) 협업 기능을 활용하세요

Canvas에서 작성한 문서를 구글 문서나 슬라이드로 내보낸 후, 팀원들과 실시간으로 협업할 수 있습니다. 각자의 의견을 댓글로 남기고, 수정 사항은 Canvas에 다시 반영하는 방식으로 효율적인 팀워크가 가능합니다.

4) 데이터 시각화를 적극 활용하세요

숫자와 통계가 많은 보고서는 반드시 "이 데이터를 차트로 시각화해 줘"라고 요청하십시오. 막대그래프, 파이 차트, 꺾은선 그래프 등으로 표현하면 복잡한 정보도 한눈에 이해할 수 있습니다. Canvas는 적절한 차트 유형을 자동으로 선택하여 제공합니다.

5) 피드백을 구체적으로 주세요

Canvas가 생성한 결과물이 마음에 들지 않는다면, 구체적으로 무엇이 문제인지 말씀해 주십시오. "이 부분이 너무 딱딱해", "전체적으로 색상 톤을 따뜻하게". "이 표의 순서를 바꿔 줘" 같은 명확한 피드백이 더 나은 결과를 만듭니다.

7. 심화 활용: NotebookLM · Deep Research와의 통합 워크 플로

1) NotebookLM과 Canvas: 목사님만의 지식 생태계

NotebookLM은 목사님의 개인 서재이자 연구 노트입니다. 수년간 쌓아 온 설교 원고, 신학 연구 자료, 상담 일지, 사역 평가서 등이 모두 NotebookLM에 저장되어 있다면, Canvas는 이 모든 자료를 마치 살아 있는 도서관처럼 활용합니다.

Canvas 작업 중에 "@NotebookLM"을 입력하고 특정 노트를 지정하면, Canvas는 즉시 그 자료를 불러와 현재 작업에 반영합니다. 예를 들어 이렇게 활용할 수 있습니다.

"@NotebookLM [2023-2025 청년부 사역 평가]를 분석해서, 지난 3년간 청년부 출석률 변화 추이와 주요 이슈를 요약하고, 2026년 청년부 사역 방향을 제안해 줘. 특히 '소통 부족' 문제를 해결할 수 있는 구체적인 프로그램을 제시해 줘."

Canvas는 NotebookLM에 저장된 3년 치 평가 자료를 읽고 분석하여, 출석률 그래프, 주요 이슈 요약, 그리고 맞춤형 사역 방향을 한 번에 제시합니다. 이는 외부 데이터가 아니라 목사님의 교회만이 가진 고유한 맥락을 반영한 조언이므로, 실제 현장에 즉시 적용 가능한 전략이 됩니다.

NotebookLM의 2026년 최신 기능 중 하나는 '마인드맵' 기능입니다. Canvas에서 작성한 복잡한 사역 계획을 NotebookLM의 마인드맵으로 시각화하면, 각 항목 간의 연결 관계와 우선순위를 한눈에 파악할 수 있습니다. "이 기획안을 마인드맵으로 변환해 줘"라고 요청하면, NotebookLM이 자동으로 계층 구조와 연결 관계를 분석하여 시각적으로 표현합니다.

2) Deep Research와 Canvas: 데이터 기반 전략 수립

Deep Research는 방대한 웹 자료를 자동으로 탐색하고 분석하여 심층 보고서를 작성하는 AI 연구원입니다. Canvas와 Deep Research가 만나면, 사역 기획이 추측이 아닌 '데이터'에 기반하게 됩니다.

예를 들어, 지역 사회 전도 전략을 세우고 싶다면 이렇게 요청해 보십시오.

> "@DeepResearch 우리 교회가 위치한 서울 서대문구의 2025년 인구 통계, 연령대별 분포, 주요 관심사, 종교 현황을 조사해 줘. 특히 30-40대 학부모 층의 교육 관심사와 커뮤니티 참여 패턴을 중점적으로 분석해 줘."

Deep Research는 수십 개의 웹 자료를 탐색하여 5~10분 내에 상세한 보고서를 작성합니다. 이 보고서를 Canvas로 가져와 이렇게 요청하십시오.

Canvas는 Deep Research의 데이터 분석 결과를 기반으로, 실제 지역 사회의 필요에 정확히 맞춘 기획안을 작성합니다. 이는 목사님의 직관만으로는 파악하기 어려웠던 구체적인 인사이트를 제공하며, 제직회나 당회에서 설득력 있는 제안을 할 수 있게 합니다.

또한 Deep Research는 Gmail, Google Drive, Google Chat과도 통합되어 있습니다. 이는 목사님의 이메일에서 성도들의 문의 사항 패턴을 분석하거나, Google Drive에 저장된 과거 행사 자료를 종합하여 트렌드를 파악하는 것도 가능하다는 의미입니다. 예를 들어 이렇게 요청해 보십시오.

이런 요청은 목사님이 미처 의식하지 못했던 성도들의 숨겨진 필요를 발견하게 하며, 더 선제적이고 적절한 목회적 돌봄을 가능하게 합니다.

3) 통합 워크 플로: NotebookLM + Deep Research + Canvas

가장 강력한 활용법은 세 가지 도구를 함께 사용하는 것입니다. 다음은 실제 사역 현장에서 바로 적용할 수 있는 통합 워크 플로입니다.

① 케이스: 2026년 청년부 부흥 전략 수립

- 1단계 – 내부 데이터 분석(NotebookLM):

"@NotebookLM [2023-2025 청년부 사역 일지]를 분석해서, 출석률이 높았던 프로그램과 낮았던 프로그램을 비교하고, 청년들의 피드백에서 자주 언급된 키워드를 추출해 줘."

NotebookLM이 내부 자료를 분석하여 우리 교회 청년부의 고유한 특성과 선호도를 파악합니다.

- 2단계 – 외부 트렌드 조사(Deep Research):

"@DeepResearch 2026년 한국 기독 청년들의 신앙 트렌드, 주요 고민, 교회 참여 패턴을 조사하고, 성공적인 청년 사역 사례를 분석해 줘."

Deep Research가 최신 외부 데이터와 사례를 수집하여 전국적인 트렌드를 파악합니다.

• 3단계 – 전략 기획(Canvas):

Canvas가 내부 데이터와 외부 트렌드를 모두 반영한 맞춤형 전략을 수립하고, 이를 발표용 슬라이드로 자동 변환합니다.

이 통합 워크 플로는 목사님의 경험과 직관을 데이터로 뒷받침하며, 추측이 아닌 증거에 기반한 전략적 의사 결정을 가능하게 합니다. 과거(NotebookLM)와 현재(Deep Research), 그리고 미래(Canvas)가 하나로 연결되어 사역의 연속성과 방향성을 동시에 확보할 수 있습니다.

② 협업의 새로운 차원: 실시간 학습과 성장

NotebookLM과 Deep Research, 그리고 Canvas가 통합된 환경에서 가장 놀라운 점은, 이 도구들이 목사님과 함께 '성장'한다는 것입니다. 목사님이 사역하시면서 쌓아 가는 모든 기록과 평가, 성찰이 NotebookLM에 저장되고, 이는 다시 Canvas의 기획에 반영되며, Deep Research는 외부의 새로운 인사이트를 계속 공급합니다.

이는 단순히 도구를 사용하는 것을 넘어, 목사님만의 '지식 생태계'를 구축하는 것입니다. 시간이 지날수록 이 생태계는 더욱 풍성해지고, Canvas가 제안하는 전략은 더욱 정교해지며 목사님의 목회 철학에 부합하게 됩니다.

Canvas는 단순한 문서 작성 도구가 아닙니다. 비전을 현실로 만드는 '전략 기획 파트너'이자, NotebookLM과 Deep Research를 연결하는 '사역의 허브'입니다. 이제 복잡한 기획안과 행정 업무는 Canvas에게 맡기시고, 목사님은 더 깊은 영적 통찰과 성도 돌봄에 집중하십시오. 기술은 목사님의 목회 철학을 더욱 선명하고 강력하게 실현하는 날개가 되어 줄 것입니다.

제9장
나노바나나프로(시각 디자인 전문가)

'이 이미지가 딱 내가 원하는 것인데, 한글 제목만 넣을 수 있다면 얼마나 좋을까?' 하고 아쉬워하신 적 없으신가요? 아름다운 성경 풍경 사진을 찾았지만, 거기에 '2026 부활절 새벽 예배'라는 한글 문구를 선명하게 넣으려면 포토샵 같은 복잡한 프로그램을 배워야 했습니다. 디자이너를 고용하자니 비용이 부담스럽고, 직접 하자니 시간도 기술도 부족한 것이 현실이었습니다.

2025년 11월, Google은 이 모든 고민을 단번에 해결하는 혁명적인 도구를 내놓았습니다. 바로 '나노바나나프로(NanoBanana Pro)'입니다. 이것은 단순한 이미지 생성 AI가 아닙니다. 한글 텍스트를 완벽하게 렌더링하고, 기존 이미지를 자유롭게 편집하며, 목사님이 상상하는 그 장면을 정확히 구현해 내는 '시각 디자인 전문가'입니다.

이 장에서는 나노바나나프로가 한국 목회자에게 특별히 유용한 이유와 실전에서 바로 활용할 수 있는 구체적인 방법을 안내하겠습니다. 이제 목사님은 전문 디자이너의 도움 없이도 주보 표지, 행사 포스터, 설교 슬라이드, SNS

콘텐츠를 직접 제작할 수 있게 될 것입니다.

1. 한글 텍스트 완벽 지원의 혁명

AI 이미지 생성 도구가 처음 등장했을 때, 한국 사용자들은 큰 좌절을 경험했습니다. '교회 창립 30주년'이라는 한글을 이미지에 넣어 달라고 요청하면, AI가 만들어 낸 글자는 마치 외계 문자처럼 이상하게 뒤틀려 있었습니다. 'ㄱ'과 'ㅋ'이 구분되지 않고, 'ㅏ'와 'ㅓ'가 뒤섞이는 등 도저히 사용할 수 없는 수준이었습니다.

이 문제의 원인은 초기 AI 모델들이 영어 중심으로 학습되었기 때문입니다. 한글의 복잡한 자모 조합(초성–중성–종성)을 제대로 이해하지 못했던 것입니다. 그래서 한국 목회자들은 AI가 생성한 이미지에 한글을 넣으려면 결국 포토샵으로 다시 작업해야 했습니다. AI를 쓰나 안 쓰나 결과가 비슷했던 셈입니다.

하지만 Gemini 3 Pro 모델과 함께 등장한 '나노바나나프로'라는 이름의 이미지 생성 엔진은 이런 고민을 한 번에 해결했습니다. 이 도구의 가장 획기적인 변화는 바로 '한글 텍스트 완벽 지원'입니다. Gemini의 다국어 추론 능력을 활용하여, 한국어를 포함한 여러 언어의 렌더링 능력이 비약적으로 향상되었습니다.

이제 '2026년 신년 특별 새벽 기도회'라는 한글 문구를 이미지에 넣어도 글자가 선명하고 자연스럽게 표현됩니다. 짧은 슬로건부터 긴 문단까지, 이미지 내 텍스트를 정확하고 읽기 쉽게 구현하는 것이 나노바나나프로의 핵심 강점입니다. 캘리그래피나 디자인 요소가 포함된 글자도 폰트와 질감이 자연스럽게 생성됩니다.

2. 한글 지원이 목회 현장에 미치는 영향

한글 텍스트 완벽 지원은 단순한 기술 개선이 아닙니다. 이것은 한국 교회의 시각 디자인 자립도를 극적으로 높여 주는 혁명입니다. 이제 목사님은 다음과 같은 작업을 직접 수행할 수 있습니다.

1) 주보 표지 제작

매주 발행하는 주보 표지에 설교 제목과 본문 구절을 한글로 선명하게 넣을 수 있습니다. '하나님의 사랑은 영원합니다' 같은 짧은 문구뿐 아니라, '우리가 아직 죄인 되었을 때에 그리스도께서 우리를 위하여 죽으심으로 하나님께서 우리에 대한 자기의 사랑을 확증하셨느니라'(롬 5:8) 같은 긴 성경 구절도 깔끔하게 렌더링됩니다.

2) 행사 포스터

'부활절 연합 새벽예배', '여름 성경 학교 등록 안내', '추수 감사절 가족 축제' 같은 행사 제목을 큰 글씨로 눈에 띄게 배치할 수 있습니다. 날짜, 시간, 장소 등 세부 정보도 한글로 정확하게 표시됩니다.

3) SNS 카드 뉴스

인스타그램이나 페이스북에 올릴 카드 뉴스를 만들 때, 각 장마다 한글 문구를 자유롭게 배치할 수 있습니다. '오늘의 말씀', '이번 주 기도 제목', '간증 이야기' 같은 제목이 이미지와 자연스럽게 어우러집니다.

4) 유튜브 썸네일

설교 영상의 썸네일에 '믿음으로 산다는 것', '고난 중에 발견한 은혜' 같은 한글 제목을 강렬하게 표시할 수 있습니다. 썸네일은 시청자가 영상을 클릭할지 결정하는 첫인상이므로, 한글이 선명하게 보이는 것이 매우 중요합니다.

3. 기술적 배경과 실전 활용

1) 기술적 배경

나노바나나프로가 한글을 완벽하게 렌더링할 수 있는 이유는 Gemini 3 Pro

의 강화된 언어 이해 능력 덕분입니다. Gemini는 단순히 글자를 픽셀로 변환하는 것이 아니라 한글의 '의미'와 '맥락'을 이해합니다. 예를 들어, '사랑'이라는 단어를 따뜻한 이미지에 넣을 때와 '심판'이라는 단어를 엄숙한 이미지에 넣을 때, AI는 각 단어의 느낌에 맞는 폰트 스타일과 색상을 자동으로 선택합니다.

또한 나노바나나프로는 한글의 자모 조합 규칙을 정확히 학습했습니다. 초성, 중성, 종성이 어떻게 배치되어야 하나의 글자를 이루는지 알고 있기 때문에, '교회', '선교', '영광' 같은 복잡한 글자도 뭉개지지 않고 선명하게 표현됩니다.

2) 실전 예시: 한글 텍스트 삽입 요청하기

나노바나나프로에게 한글 텍스트를 포함한 이미지를 요청할 때는 다음과 같이 프롬프트를 작성하세요.

① 예시 1: 부활절 포스터

"부활절 새벽 예배 포스터를 만들어 줘. 빈 무덤과 찬란한 빛이 쏟아지는 장면을 배경으로, 중앙 상단에 '그가 살아나셨느니라'라는 한글 문구를 금색 서체로 크게 넣어 줘. 하단에는 '2026년 4월 5일(일) 새벽 5시'라는 일정 정보를 작은 글씨로 추가해 줘."

② 예시 2: 주보 표지

"주일 주보 표지 이미지를 그려 줘. 배경은 평화로운 호숫가 풍경이고, 가운데에 '여호와는 나의 목자시니 내게 부족함이 없으리로다(시편 23:1)'라는 성경 구절을 우아한 서체로 넣어 줘. 전체적으로 차분하고 경건한 느낌으로."

③ 예시 3: 청년부 행사 포스터

"청년부 수련회 홍보 포스터를 만들어 줘. 산꼭대기에서 일출을 보는 청년들의 실루엣을 배경으로, 상단에 '2026 청년부 겨울 수련회'라는 제목을 굵고 역동적인 폰트로 넣어 줘. 하단에 '새 힘을 얻으리니'라는 부제를 부드러운 서체로 추가해 줘. 전체적으로 밝고 희망찬 느낌으로."

이처럼 원하는 배경 장면과 함께 한글 문구의 위치, 크기, 스타일을 구체적으로 지시하면, 나노바나나프로는 목사님의 의도를 정확히 구현해 냅니다.

3) 한계와 보완 방법

물론 나노바나나프로도 완벽하지는 않습니다. 매우 복잡한 한글 서예체나 특수한 디자인 폰트가 필요한 경우에는 여전히 한계가 있을 수 있습니다. 예를 들어 붓글씨 캘리그래피 스타일의 '은혜'라는 글자를 원하는데, AI가 생성한 결과가 기대에 미치지 못할 수 있습니다.

이럴 때는 Canva(캔바) 같은 간단한 디자인 도구를 병행하는 것이 좋습니다. 나노바나나프로로 배경 이미지를 생성한 후, Canva에서 원하는 한글 폰트를 선택하여 텍스트를 추가하는 방식입니다. 하지만 대부분의 교회 사역 자료(일반적인 포스터, 주보 표지, 썸네일 제작)에는 나노바나나프로만으로도 충분히 만족스러운 결과를 얻을 수 있습니다.

4. 이미지 편집과 인페인팅 기능

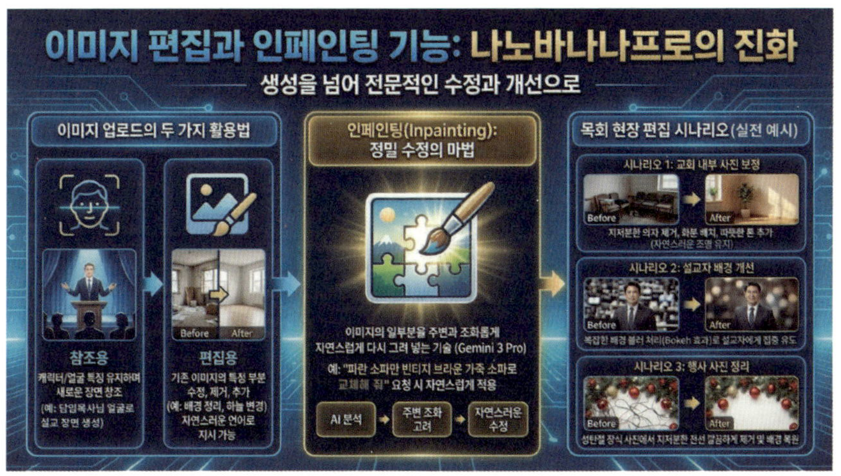

1) 생성을 넘어 편집으로: 나노바나나프로의 진화

나노바나나프로의 진정한 위력은 처음부터 새로 그리는 것뿐 아니라 이미 있는 이미지를 수정하고 개선하는 '편집' 기능에 있습니다. 목사님이 촬영해 두신 교회 사진이나 인터넷에서 찾은 이미지, 혹은 나노바나나프로가 이전에 생성한 그림을 더욱 완벽하게 다듬고 싶을 때 이 기능이 큰 힘이 됩니다. 이는 마치 숙련된 사진작가가 후보정 작업을 하는 것과 같은 효과를 냅니다.

2) 이미지 업로드의 두 가지 활용법

나노바나나프로에 이미지를 업로드하는 방식은 크게 두 가지 목적으로 나뉩니다.

- 참조용: 예를 들어 담임 목사님의 얼굴 사진을 업로드하고 "이 사람의 얼굴을 유지하면서 강단에서 설교하는 모습으로 그려 줘"라고 요청하면, 나노바나나프로는 얼굴의 특징을 정확히 파악하여 새로운 장면을 창조합니다. 이는 캐릭터 일관성을 유지하는 데 탁월하며, 실제 인물의 특성을 살리면서도 새로운 상황과 배경을 자유롭게 연출할 수 있습니다.

- 편집용: 이미 촬영된 사진이나 생성된 이미지를 업로드한 뒤, 특정 부분만 수정, 제거, 또는 추가하는 방식입니다. "이 사진에서 배경의 지저분한 의자들을 제거하고 깨끗한 십자가 벽으로 바꿔 줘"라든지, "하늘을 더 드라마틱한 석양으로 바꿔 줘" 같은 요청이 가능합니다. 전문 포토샵 기술자가 아니어도 자연스러운 언어로 원하는 편집을 지시할 수 있습니다.

3) 인페인팅(Inpainting): 정밀 수정의 마법

Gemini 3 Pro의 강력한 기능 중 하나는 '대화형 인페인팅(Conversational Inpainting)'입니다. 인페인팅은 'in(안에) + painting(그리기)'의 합성어로, 이미지의 일부분을 '다시 그려 넣는다'는 의미입니다. AI는 주변 픽셀과의 조화를 고려하여, 수정된 부분이 원래부터 그 자리에 있었던 것처럼 자연스럽게 만들어 냅니다.

예를 들어 거실 사진에서 "파란색 소파만 빈티지 브라운 가죽 소파로 교체해 줘"라고 요청하면, 나노바나나프로는 소파만 정확히 인식하여 바꾸되 주변의 조명과 그림자는 자연스럽게 유지합니다.

4) 목회 현장 편집 시나리오

① 시나리오 1: 교회 내부 사진 보정

교회 예배당 내부를 촬영했는데, 왼쪽 구석에 정리되지 않은 접이식 의자들이 보기 흉하게 찍혔습니다. 이 사진을 업로드하고 이렇게 요청하세요.

"이 예배당 사진에서 왼쪽 구석의 접이식 의자들을 제거하고, 그 자리에 아름다운 화분이 놓인 모습으로 바꿔 줘. 조명은 자연스럽게 유지하되 전체적으로 따뜻한 톤을 더해 줘."

나노바나나프로는 의자를 깔끔하게 지우고, 그 공간에 화분을 자연스럽게 배치합니다. 주변 벽과 바닥의 질감, 그림자까지 고려하여 보정해 줍니다.

② 시나리오 2: 설교자 배경 개선

강단에서 설교하는 목사님의 사진을 찍었는데, 배경이 복잡해서 설교자에게 집중이 안 됩니다.

"예배 사진 속 흐릿한 배경을 부드럽게 블러 처리해서 설교자에게 집중되도록 해 줘."

나노바나나프로는 설교자는 그대로 선명하게 유지하면서, 배경만 자연스럽게 흐리게 만듭니다. 마치 전문 카메라의 '배경 흐림(Bokeh)' 효과를 적용한 것처럼 보입니다.

③ 시나리오 3: 행사 사진 정리

성탄절 장식을 촬영했는데, 오른쪽 구석에 전선이 지저분하게 보입니다.

"성탄절 장식 사진에서 오른쪽 구석의 전선을 지워 줘."

나노바나나프로는 전선을 깔끔하게 제거하고, 그 부분을 주변 배경과 조화롭게 채워 줍니다.

5. 단계별 이미지 업로드 및 편집 가이드

1) 1단계: 이미지 업로드하기

Gemini 화면 하단 프롬프트 입력 창 왼쪽에 보이는 '+'(플러스) 버튼을 클릭하십시오. 파일 업로드 옵션이 나타나며, 컴퓨터나 스마트폰에 저장된 이미지를 선택할 수 있습니다. 셀카나 얼굴 사진을 참조용으로 쓸 때는 얼굴이 선명하게 나온 것을 선택하는 것이 좋습니다.

2) 2단계: 구체적인 편집 지시 작성하기

이미지를 업로드했다면, 이제 어떤 변화를 원하는지 명확히 설명해야 합니다. 나노바나나프로는 자연어로 된 편집 지시를 완벽히 이해합니다. 마치 옆에 있는 디자이너에게 말하듯 편하게 요청하시면 됩니다.

3) 3단계: 영역 표시와 정밀 수정

Gemini 3 Pro의 대화형 인페인팅 기능을 활용하여 이미지의 특정 부분만 골라서 수정할 수 있습니다. "이 교회 입구 사진에서 낡은 현수막을 제거하고 깨끗한 벽으로 만들어 줘"와 같이 구체적으로 지시하면, 전문 사진작가의 후보정 작업을 대신할 수 있을 정도로 정교한 결과를 얻을 수 있습니다.

4) 4단계: 다중 이미지 참조로 일관성 확보

나노바나나프로는 최대 14장의 참조 이미지를 동시에 활용할 수 있습니다. 이 기능은 특히 교회 사역 만화나 스토리보드를 만들 때 유용합니다. 예를 들어 주일 학교 교재를 위해 '다윗과 골리앗' 이야기를 연속된 장면으로 그릴 때, 첫 장면에서 생성된 다윗의 얼굴 이미지 5장을 참조로 업로드하고 "이 다윗의 얼굴을 그대로 유지하면서 골리앗 앞에 서 있는 장면을 그려 줘"라고 요청할 수 있습니다. 캐릭터의 일관성이 완벽하게 유지되어 전문 애니메이션 스튜디오 수준의 결과물을 얻을 수 있습니다.

6. 실전 편집 시나리오: 교회 홍보 포스터 완성하기

실제 사례를 통해 이미지 편집의 전 과정을 살펴보겠습니다. 부활절 새벽 예배 포스터를 만든다고 가정해 봅시다.

- 1차 생성: "부활절 새벽 무덤 앞의 빈 돌무덤과 찬란한 빛" 이미지를 나노바나나프로에게 요청합니다. 이때 원하는 분위기와 구도를 최대한 구체적으로 설명합니다.

- 2차 수정: 생성된 이미지를 다운로드한 뒤 다시 업로드하고 말합니다. "이 이미지에서 하늘의 구름을 더 드라마틱하게 바꾸고, 빛줄기를 더 강렬하게 만들어 줘. 그리고 하단에 '부활의 아침'이라는 한글 텍스트를 우아한 서체로 넣어 줘." 이 단계에서는 전체적인 분위기와 주요 요소들을 조정합니다.

- 3차 최종 마무리: 결과물이 거의 마음에 들지만, 오른쪽 구석의 돌 배치가 어색하다면, "오른쪽 아래 돌들을 자연스럽게 재배치해 줘"라고 한 번 더 요청합니다. 이렇게 세밀한 디테일까지 조정할 수 있습니다.

이처럼 대화하듯 반복해서 수정 요청을 하다 보면, 처음 상상했던 것보다 훨씬 완성도 높은 이미지에 도달하게 됩니다.

7. 스타일·해상도·비율 설정 실전 꿀팁

1) 스타일 지정: 이미지의 '느낌'을 결정하라

같은 내용이라도 어떤 스타일로 표현하느냐에 따라 전혀 다른 느낌을 줍니다. 나노바나나프로는 다양한 예술 스타일을 구현할 수 있습니다.

- 사실적 사진 스타일: "내셔널 지오그래픽 같은 사진 스타일로", "고해상도 사진처럼"(용도: 교회 소개, 선교지 풍경)
- 유화/회화 스타일: "고흐의 유화 스타일로", "르네상스 성화 스타

일로”(용도: 설교 슬라이드, 주보 표지)

- 수채화 스타일: “부드러운 수채화 터치로”, “파스텔 톤의 수채화 느낌으로”(용도: 어린이 교재, 환영 카드)

- 애니메이션 스타일: “픽사 애니메이션 느낌으로”, “3D 카툰 캐릭 터 스타일로”(용도: 주일학교 교재, 성경 이야기)

- 미니멀/플랫 디자인: “심플한 플랫 디자인으로”(용도: SNS 카드 뉴 스, 청년부 자료)

- 빈티지/레트로: “1970년대 빈티지 포스터 느낌으로”(용도: 교회 역 사 자료)

2) 해상도 설정: 용도에 맞는 품질 선택

- 1K(1024x1024): SNS 게시물, 웹 사이트용. 파일 크기가 작아 공유 에 적합합니다.

- 2K(2048x2048): 주보 표지, A4 포스터, 프레젠테이션. 인쇄와 화면 모두 선명합니다.

3) 비율 설정: 매체에 맞는 프레임 선택

- 1:1(정사각형): 인스타그램, 주보 표지(“정사각형 비율로 교회 로고를 디자인해줘”)
- 16:9(와이드): 프레젠테이션, 유튜브 썸네일(“16:9 비율로 설교 슬라이드 배경을 만들어줘.”)
- 9:16(세로형): 인스타그램 스토리, 모바일 배경(“9:16 세로 비율로 청년부 스토리용 이미지를 만들어 줘.”)
- Google Gemini 3 Pro(나노바나나프로)에서 제작 가능한 이미지 비율: 1:1, 2:3, 3:2, 3:4, 4:3, 4:5, 5:4, 9:16, 16:9, 21:9(가로 세로 비율)

4) 실전 꿀팁 모음

- Tip 1: 구체적으로 명령하십시오. “그림 그려 줘”보다는 “고흐의 유화 스타일로”처럼 구체적인 화풍을 언급하면 퀄리티가 비약적으로 상승합니다.
- Tip 2: 해상도와 비율을 지정하십시오. 용도에 맞춰 “2K 해상도로, 16:9 비율로”라고 요청하면 대형 스크린이나 인쇄물에도 선명하게 사용할 수 있습니다.
- Tip 3: 여백의 미를 요청하십시오. “이미지의 오른쪽 상단에는 텍스트를 넣을 수 있도록 하늘 공간을 비워 줘”라고 요청하여 텍

스트 가독성을 미리 확보하십시오.

- Tip 4: 색상 톤 지정하기. "따뜻한 파스텔 톤으로", "차분한 갈색과 금색 계열로" 등 원하는 분위기를 명시하십시오.
- Tip 5: 조명과 분위기 설정. "부드러운 자연광", "극적인 스포트라이트", "황금빛 석양" 등 조명을 설정하여 이미지의 느낌을 결정하십시오.

8. 목회 현장 5가지 활용 시나리오

이제 나노바나나프로를 목회 현장에서 구체적으로 어떻게 활용할 수 있는지, 실전 시나리오 5가지를 살펴보겠습니다.

1) 시나리오 1: 설교 슬라이드 제작

상황: 마태복음 5장 팔복 설교를 위한 시각 자료가 필요합니다.

- 슬라이드 1: "겸손하게 무릎 꿇고 기도하는 사람의 실루엣을 그려 줘. 배경은 찬란한 빛이 쏟아지는 하늘. 르네상스 성화 스타일로, 경건하고 평화로운 느낌으로. 상단에 '심령이 가난한 자는 복이 있나니'라는 한글 텍스트를 금색 서체로 넣어 줘. 16:9 비율, 2K 해상도로."

- 슬라이드 2: "눈물을 닦아 주는 손과 위로 받는 사람의 모습을 그려 줘. 성경시대를 배경으로한 디테일한 실사 이미지 스타일로. 상단에 '애통하는 자는 복이 있나니'라는 한글 텍스트를 부드러운 서체로 넣어줘. 16:9 비율, 2K 해상도로."

2) 시나리오 2: 절기 행사 포스터 제작

상황: 부활절 연합 새벽 예배 홍보 포스터가 필요합니다.

- 인쇄용(A4): "빈 무덤에서 찬란한 빛이 쏟아져 나오는 장면을 그려 줘. 배경은 새벽 풍경. 극적이고 장엄한 영화 같은 느낌으로. 중앙 상단에 '2026 부활절 연합 새벽 예배'라는 한글 제목을 굵고 강렬한 금색 서체로 넣어 줘. 하단에 '4월 5일(일) 새벽 5시 | 우리 교회 본당'이라는 정보를 작은 글씨로 추가해 줘. A4 비율, 4K 해상도로."

- SNS용(1:1): "같은 디자인을 정사각형 비율(1:1)로 만들어 줘. 인스타그램 게시물용. 2K 해상도로."

3) 시나리오 3: 주일 학교 교재 삽화 제작

상황: '다윗과 골리앗' 이야기를 위한 친근한 삽화가 필요합니다.

① 장면 1(다윗 등장)	② 장면 2(골리앗과 대면)	③ 장면 3(승리)

- 장면 1(다윗 등장): "양을 돌보는 어린 소년 다윗을 그려 줘. 픽사 애니메이션 스타일의 귀여운 3D 캐릭터로. 밝고 친근한 느낌으로. 아이들이 좋아할 만한 화려한 색감으로."
- 장면 2(골리앗과 대면): "작은 다윗이 거대한 골리앗 앞에 서 있는 장면을 그려 줘. 아까 생성한 다윗의 얼굴을 그대로 유지해 줘. (다윗 이미지 업로드) 픽사 애니메이션 스타일로. 다윗은 용감하게, 골리앗은 무섭지 않고 코믹하게 표현해 줘."
- 장면 3(승리): "다윗이 골리앗을 이긴 후 기뻐하는 장면을 그려 줘. 다윗의 얼굴은 이전과 동일하게 유지. (다윗 이미지 업로드) 주변 사람들이 환호하는 모습. 밝고 즐거운 분위기로."

4) 시나리오 4: YouTube 설교 영상 썸네일

상황: 설교 영상 클릭을 유도하는 매력적인 썸네일이 필요합니다.

"YouTube 썸네일을 만들어 줘. 배경은 극적인 빛과 어둠의 대비가 있는 십자가 이미지. 왼쪽에 '믿음으로 산다는 것'이라는 큰 한글 제목을 굵고 강렬한 노란색 서체로 넣어 줘. 오른쪽 하단에 목사님의 얼굴이 들어갈 원형 공간을 비워 둬. 16:9 비율, 2K 해상도로. 2026년 유튜브 썸네일 트렌드를 반영한 감각적인 디자인으로."

5) 시나리오 5: 주보 표지 시리즈 제작

상황: 분기별로 통일된 테마를 가진 주보 표지 시리즈를 미리 제작합니다.

- 봄(3-5월): "봄 들판에 피어난 꽃들과 나비의 모습을 그려 줘. 부

드러운 수채화 스타일로. 따뜻하고 희망찬 느낌으로. 상단 중앙에
'주일 예배'라는 한글 제목이 들어갈 공간을 비워 줘. A4 세로 비
율, 2K 해상도로."

- 여름(6-8월): "푸른 바다와 하얀 구름의 상쾌한 여름 풍경을 그려
  줘. 밝고 생동감 있는 색감으로. 상단 중앙에 '주일 예배'라는 한글
  제목이 들어갈 공간을 비워 줘. A4 세로 비율, 2K 해상도로."

- 가을(9-11월): "단풍이 물든 숲길을 그려 줘. 따뜻한 갈색과 금색
  톤으로. 차분하고 성숙한 느낌으로. 상단 중앙에 '주일 예배'라는
  한글 제목이 들어갈 공간을 비워 줘. A4 세로 비율, 2K 해상도로."

- 겨울(12-2월): "눈 내리는 고요한 풍경을 그려 줘. 흰색과 파란색
  톤으로. 평화롭고 경건한 느낌으로. 상단 중앙에 '주일 예배'라는

한글 제목이 들어갈 공간을 비워 줘. A4 세로 비율, 2K 해상도로.”

나노바나나프로는 단순한 이미지 생성 도구가 아닙니다. 이것은 목사님의 상상력에 날개를 달아 주는 '시각 디자인 전문가'입니다. 한글 텍스트 완벽 지원으로 한국 교회에 최적화되어 있고, 강력한 편집 기능으로 기존 이미지도 자유롭게 개선할 수 있으며, 다양한 스타일과 해상도 설정으로 모든 용도에 맞는 이미지를 제작할 수 있습니다.

이제 비싼 디자이너 비용에 부담을 느끼거나 복잡한 포토샵 프로그램 앞에서 좌절하지 마십시오. 나노바나나프로와 함께라면, 목사님은 누구보다 창의적이고 전문적인 시각 자료를 직접 제작할 수 있습니다. 하나님의 말씀이 아름다운 이미지와 함께 성도들의 마음에 더 깊이 새겨지는 놀라운 경험을 하시게 될 것입니다.

제10장
Veo 3.1(영상 제작의 새로운 동역자)

오늘날 성도들, 특히 스마트폰과 영상 매체에 익숙한 다음 세대에게 영상은 단순한 선택 사항이 아닙니다. 영상은 복음을 실어 나르는 가장 강력하고 효과적인 '운송 수단'이 되었습니다. 바야흐로 우리는 텍스트의 시대를 넘어 '이미지와 영상의 시대'를 살고 있습니다.

예배 시간에 선포되는 생명의 말씀이 주일 하루의 기억으로 휘발되지 않고, 성도들의 월요일부터 토요일까지의 삶 속에 생생하게 살아 움직이게 하려면 어떻게 해야 할까요? 바로 그 지점에서 영상 콘텐츠는 예배, 교육, 섬김, 그리고 지역 사회와의 소통을 잇는 핵심 채널이 됩니다. 하지만 대다수의 개척 교회와 중소형 교회 목회자들에게 고품질의 영상 제작은 여전히 넘기 힘든 높은 벽이었습니다.

이러한 현장의 한계를 단숨에 뛰어넘게 해 줄 동역자가 나타났습니다. 바로 Google의 최신 AI 영상 생성 모델인 'Veo 3.1'입니다. 이 도구는 목사님의 투박한 아이디어 한 줄을 감각적인 영상으로 빚어내는 탁월한 미디어 사역 전문가입니다.

1. 텍스트에서 영상으로: 기획부터 배포까지

Veo 3.1은 단순히 영상을 편집하는 도구가 아닙니다. 목사님의 목회적 관점과 의도를 이해하고, 그것을 시각적 언어로 번역해 내는 '창의적 조력자'에 가깝습니다. 이 도구가 목회 현장에 가져올 변화는 크게 두 가지 키워드로 압축할 수 있습니다.

첫째는 '전문성(Professionalism)'입니다. 과거에는 멋진 영상을 만들려면 고가의 카메라, 고성능 컴퓨터, 그리고 수개월을 배워야 하는 복잡한 편집 프로그램이 필요했습니다. 영상 편집 소프트웨어의 수많은 메뉴와 기능 앞에서 좌절했던 경험이 한 번쯤 있으실 것입니다. 하지만 Veo 3.1은 영상의 기획 단계부터 장면 전환(Transition), 배경 음악(BGM) 선곡, 자막 타이포그래피, 그리고 전체적인 색감(Color Grading) 보정까지 전 공정을 인공 지능이 자동으로 디자인합니다. 전문가가 만든 것 같은 세련된 영상미를 이제 목사님의 서재에서 클릭 몇 번으로 구현할 수 있게 된 것입니다.

둘째는 '접근성(Accessibility)'입니다. 가장 큰 장점은 진입 장벽이 없다는 것입니다. 목사님이 컴퓨터 공학자나 영상 전공자가 아니어도 전혀 상관없습니다. 평소 성도들과 대화하듯, 혹은 하나님께 기도하듯 목사님의 일상적인 언어로 요청만 하시면 됩니다. "청년부 수련회 홍보 영상을 밝고 역동적으로 만들어 줘"라는 짧은 문장 하나가 복잡한 기술적 조작을 완전히 대신합니다.

이 덕분에 작은 교회 목사님부터 신학생, 주일 학교 교사까지 누구나 '복음 미디어 제작자'가 되어 사역의 영향력을 극대화할 수 있습니다.

2. Veo 3.1 특징

이 모델의 가장 큰 특징은 다음과 같습니다.

- 고품질 영상 생성: 최대 148프레임(약 3~8초)의 영상을 720p 또는 1080p 고화질로 생성합니다.
- 다양한 비율 지원: 9:16(세로형, Shorts용), 16:9(가로형, 일반 영상용), 8:5 등 다양한 비율을 지원합니다.
- 빠른 생성 속도: 프롬프트 입력 후 약 1~3분 내에 영상을 완성합니다.
- 자연스러운 동작: 사람, 동물, 자연 현상의 움직임이 매우 자연스럽습니다.
- 한국어 음성 지원: 한글 프롬프트로도 영상 생성이 가능할 뿐만 아니라 한국어 음성도 완벽하게 제공합니다. 단, 영상에 한글 자막 구현은 완벽하지 않습니다. 자막이 필요한 경우라면, 자막이 없는 영상을 만들고, 별도의 영상 편집 프로그램에서 자막 생성 작업을 해야 합니다.

현재, Veo 3.1은 유료 계정으로만 하루 일정량(3~5개)의 영상을 생성할 수 있습니다.

3. 영상 제작 4단계: 아이디어가 영상이 되는 과정

Veo 3.1을 사용하여 영상을 제작하는 과정은 마치 유능한 부교역자와 사역 기획 회의를 하는 것과 같습니다. 다음의 단계를 차근차근 따라와 보십시오.

1) 1단계: 아이디어 제안 및 영상 목적 설정(Planning)

모든 사역의 시작이 그렇듯, 가장 먼저 해야 할 일은 '이 영상을 왜 만드는가'를 명확히 정하는 것입니다. 목적이 분명해야 메시지도 선명해집니다.

"이번 주 설교 주제가 '위로'인데, 성도들이 출근길에 보면서 힘을 얻을 수 있는 1분짜리 요약 영상을 만들고 싶어. 따뜻하고 평온한 느낌이면 좋겠어."

이처럼 영상의 목적과 타겟 청중, 그리고 원하는 영상의 길이와 분위기를 명확히 하는 것이 첫걸음입니다. 막연하게 "좋은 영상 만들어 줘"라고 하는 것보다 구체적인 방향을 제시할수록 결과물의 만족도가 높아집니다.

2) 2단계: 시나리오 및 구성 설계(Storyboarding)

요청을 받은 Veo 3.1은 목사님이 전달한 메시지를 바탕으로 장면의 흐름을 설계합니다. 예를 들어, "고단한 도시의 풍경으로 시작해서 서서히 밝아 오는 아침 햇살, 그리고 그 위에 얹어지는 위로의 성경 구절과 따뜻한 내레이션까지…"와 같이 AI는 영상의 톤과 템포를 콘셉트에 맞춰 체계적으로 제안합니다. 목사님은 이때 제안된 구성을 살펴보시며 신학적으로 수정하거나 보완할 점을 짚어 주시기만 하면 됩니다.

3) 3단계: 촬영 · 편집 · 후가공의 자동화(Production)

기본적인 소스(설교문 초안이나 홍보 문구)를 입력하면, Veo 3.1은 본격적으로 영상을 생성합니다. 컷 구성, 음악 삽입, 인공 지능 음성(TTS)을 활용한 내레이션, 그리고 영상의 주제를 강조하는 자막까지 완성도 높은 결과물을 순식간에 출력합니다. 이 과정은 보통 몇 분에서 십여 분 정도 소요되는데, 그 시간 동안 다른 사역 업무를 보시다가 돌아오시면 됩니다.

4) 4단계: 유통과 결과물 적용(Distribution)

완성된 영상은 MP4 등 범용적인 파일 형태로 저장됩니다. 이를 교회 유튜브 채널에 업로드하거나 성도들이 모인 카카오톡 단체방에 공유하고, 주일 예배 전 대형 스크린에 띄워 보십시오. 텍스트로만 읽을 때보다 훨씬 더 큰 감동과 공감이 성도들의 가슴에 깊이 머물게 될 것입니다.

4. 전문 편집의 3대 요소 자동화

영상 편집의 전문성은 세 가지 핵심 요소에 달려 있습니다. 바로 장면 전환(Transition), 배경 음악(BGM), 그리고 색 보정(Color Grading)입니다. 이 세 가지가 조화롭게 어우러져야 시청자는 '전문가가 만든 영상이구나'라고 느낍니다. Veo 3.1은 이 세 가지 요소를 자동으로 처리해 줍니다.

1) Transition(장면 전환): 자연스러운 흐름

Transition은 한 장면에서 다음 장면으로 넘어가는 방식을 말합니다. 단순하게 '컷'으로 자르면 어색하고 급작스러운 느낌을 주지만, 페이드(Fade), 디졸브(Dissolve), 와이프(Wipe) 같은 전환 효과를 사용하면 영상이 훨씬 부드럽고 전문적으로 보입니다. Veo 3.1은 영상의 내용과 분위기에 맞는 전환 효과를 자동으로 선택합니다.

- 페이드 인/아웃: 조용하고 경건한 장면에 적합(새벽 기도회, 묵상 영상)
- 디졸브: 한 장면이 서서히 다음 장면으로 녹아드는 효과(설교 요약, 간증 영상)
- 와이프: 역동적이고 활기찬 느낌(청년부 행사, 어린이 프로그램)

2) BGM(배경 음악): 감정을 증폭시키는 힘

영상에서 음악이 차지하는 비중은 생각보다 훨씬 큽니다. 같은 영상이라도 어떤 음악을 사용하느냐에 따라 슬픈 영상이 될 수도, 희망찬 영상이 될 수도 있습니다. Veo 3.1은 영상의 내용을 분석하여 적절한 배경 음악을 제안합니다.

- 클래식 피아노: 차분하고 경건한 느낌(설교 명상, 기도 영상)
- 어쿠스틱 기타: 따뜻하고 친근한 느낌(소그룹 소개, 새 가족 환영)
- 오케스트라: 장엄하고 웅장한 느낌(부활절, 성탄절 특별 영상)
- 밝은 팝: 경쾌하고 활기찬 느낌(청년부, 어린이부 행사)

Veo 3.1이 생성하는 배경 음악은 AI가 만든 것이므로 저작권 문제에서 비교적 자유롭습니다. 단, 외부 음악을 사용할 때는 반드시 저작권을 확인해야 합니다.

3) Color Grading(색 보정): 영상의 분위기 결정

Color Grading은 영상의 전체적인 색감을 조정하여 특정 분위기를 만들어 내는 작업입니다. 같은 장면이라도 색감에 따라 전혀 다른 느낌을 줍니다.

- 따뜻한 톤(Warm Tone): 노란빛, 오렌지빛이 도는 색감(가정의 달, 추수 감사절)
- 차가운 톤(Cold Tone): 파란빛, 보라빛이 도는 색감(고난주간, 사순절)
- 빈티지 톤: 약간 바랜 듯한 색감(교회 역사, 과거 회고)
- 선명한 톤(Vivid Tone): 채도가 높은 밝은 색감(청년부, 어린이부)

5. 목회 현장 활용 시나리오

Veo 3.1을 우리 교회 사역에 어떻게 구체적으로 적용할 수 있을까요? 실제 경험을 바탕으로 즉시 활용 가능한 몇 가지 시나리오를 소개합니다.

1) 시나리오 1: 행사 홍보 및 감동 특별 영상

부활절, 성탄절, 혹은 전도 축제처럼 큰 절기를 앞두고 성도들의 기대감을 높여야 할 때 영상은 필수입니다. 단순한 문자 광고보다 고난과 부활의 이미지가 교차하며 울림을 주는 짧은 영상 한 편이 성도들의 마음을 훨씬 더 뜨겁게 달굴 수 있습니다.

> "부활절 연합 새벽 예배 홍보 영상을 만들어 줘. 도입부는 어두운 십자가 장면에서 시작해서 서서히 밝아지며 빈 무덤에서 찬란한 빛이 쏟아지는 장면으로 전환. 배경 음악은 장엄한 오케스트라로. 전체적으로 극적이고 희망찬 느낌으로."

2) 시나리오 2: 주일 학교 및 청년부 교육 콘텐츠

요즘 아이들은 글보다 영상을 먼저 배우고, 영상으로 세상을 이해합니다. 딱딱한 성경 공부 교재 대신, Veo 3.1로 만든 짧은 성경 이야기 영상이나 신앙 Q&A 콘텐츠를 활용해 보십시오. 교사 한 분이 혼자서도 창의적인 시각 자료를 준비할 수 있어 교육의 질이 획기적으로 향상됩니다.

> "다윗과 골리앗 이야기를 영상으로 만들어 줘. 픽사 애니메이션 스타일로 밝고 귀엽게. 다윗은 작지만 용감한 소년으로, 골리앗은 크지만 무섭지 않게 코믹하게 표현. 내레이션은 밝고 친근한 여성 목소리로. 배경 음악은 경쾌한 오케스트라로. 아이들이 집중할 수 있도록 장면 전환."

3) 시나리오 3: 교회 소개 및 지역 사회 소통

우리 교회를 처음 방문하는 새 가족이나 지역 사회에 교회의 이미지를 알리고 싶을 때, 고품질의 홍보 영상은 훌륭한 '디지털 브로슈어'가 됩니다. 전문 모델이나 비싼 촬영 장비 없이도 교회의 따뜻한 풍경과 사역 철학을 담은 영상을 통해 신뢰감을 효과적으로 전달할 수 있습니다.

> "교회 소개 영상을 만들어 줘. 교회 외관과 예배당 내부, 성도들의 밝은 얼굴, 소그룹 모임 장면 등을 부드럽게 연결. 내레이션은 '우리 교회는 사랑과 은혜가 넘치는 공동체입니다. 지친 마음을 쉬게 하고, 새 힘을 얻는 곳입니다.' 배경 음악은 따뜻한 어쿠스틱 기타로."

4) 시나리오 4: 수련회나 선교 현장의 생생한 사역 기록

수련회나 선교 현장의 생생한 기록들을 영상으로 남겨 보십시오. 성도들의 눈물 섞인 간증을 짧은 다큐멘터리 형식으로 편집해 나눈다면, 공동체 전체가 하나님의 살아 계심을 함께 체험하는 놀라운 역사가 일어날 것입니다.

> "단기 선교 다큐멘터리 영상을 만들어 줘. 출발 장면, 현지 사역 모습, 성도들의 간증, 귀국 후 소감을 자연스럽게 연결. 내레이션은 감동적이고 진지한 톤으로. 배경 음악은 처음에는 경쾌하게 시작해서 점점 감동적인 오케스트라로 변화."

5) 시나리오 5: 교회 역사 기록

아주 오래된 사진을 복원해 영상으로 남겨 보십시오. 선배 성도들의 수고와 헌신을 복원한 사진을 이용하여 영상으로 만들고 내레이션을 담아 다음 세대들에게 나눈다면, 교회에 대한 자부심을 갖게 될 것입니다. 이 방법은 나노바나나프로에서 흑백 사진을 컬러로 복원하거나 훼손된 사진을 복원한 후에 진행합니다.

> "사진 속 ○○○ 장로님이 환한 미소로 '다들 잘 지내지요! 우리 구주 예수님 잘 믿으세요!'라고 말하는 영상을 만들어 줘. 내레이션은 할아버지의 탁한 목소리로 느릿하게. 배경 음악은 바이올린 독주로."

6. 전문성과 접근성의 조화

Veo 3.1의 가장 큰 강점은 '전문성'과 '접근성'의 완벽한 균형입니다. 과거에는 전문가 수준의 영상을 만들려면 반드시 전문 기술이 필요했고, 기술이 없는 사람은 포기해야 했습니다. 하지만 Veo 3.1은 이 장벽을 완전히 허물었습니다. 전문가가 만든 것 같은 고품질 영상을 기술이 전혀 없는 사람도 만들 수 있게 된 것입니다.

이제 기술은 AI에게 맡기고, 목사님은 '메시지'와 '영성'에 집중하십시오. "이 영상을 통해 무엇을 전하고 싶은가?", "시청자가 이 영상을 보고 무엇을 느끼고 어떻게 행동하기를 바라는가?", "하나님께서 이 영상을 통해 어떤 일을 행하시기를 기도하는가?"를 고민하십시오. 신학적 깊이와 목회적 통찰이야말로 AI가 절대 대신할 수 없는 목사님만의 고유한 역할입니다.

7. 실전 활용 꿀팁

① Tip 0: 꼭 알아야 합니다

Veo 3.1로 한 번에 만들 수 있는 분량은 8초이며, 이를 이어 붙여 원하는 길이로 만들 수 있습니다. 단, 요금제에 따라 하루에 생성할 수 있는 영상의 개수가 제한됩니다. 다른 방법으로는 Flow 웹 사이트(https://labs.google/flow/)에서 Veo 3.1을 무료로 사용 가능하며, 장면을 이어 붙이는 편집이 가능합니다.

② Tip 1: 프롬프트는 구체적으로

"그냥 좋은 영상 만들어 줘"보다는 "부활절 영상인데, 어두운 십자가에서 시작해서 밝은 빈 무덤으로 전환되고, 배경 음악은 장엄한 오케스트라로, 색감은 따뜻한 금빛 톤으로"처럼 구체적으로 요청하세요.

③ Tip 2: 영상 길이는 짧게

SNS 시대에 사람들의 집중력은 매우 짧습니다. 30초~3분 이내의 짧은 영상이 시청 완료율이 높습니다. 긴 내용은 여러 편으로 나누는 것이 효과적입니다.

④ Tip 3: 자막은 필수

많은 사람이 소리 없이 영상을 봅니다. 특히 출퇴근 지하철이나 공공장소에서는 자막이 있어야 내용을 이해할 수 있습니다. 핵심 메시지는 자막으로 반드시 표시하세요. 단, 현재 Veo 3.1은 한글 자막이 제대로 만들어지지 않습니다. 그러니 자막 작업은 다른 영상 편집 프로그램을 이용하여 별도로 작업해야 합니다.

⑤ Tip 4: 저작권 걱정 없이

Veo 3.1로 생성된 영상은 AI가 새롭게 창조한 결과물이기에 복잡한 저작권 문제에서 훨씬 자유롭습니다. 출처가 불분명한 영상을 가져다 쓰며 마음 졸일 필요 없이 당당하게 사역에 활용하십시오.

⑥ Tip 5: 반복 수정은 대화입니다

첫 번째 결과물이 마음에 들지 않으면, "음악을 좀 더 밝게 해 줘", "장면 전환 속도를 1.5배 빠르게 해 줘"라고 피드백하세요. AI는 피드백을 받을수록 목사님의 취향과 의도를 정확히 파악하게 됩니다. 대화를 통해 함께 성장하는 것입니다.

제11장
가이드 학습(맞춤형 신앙 교육 설계자)

1. LearnLM 기반 AI 교육 코치의 탄생

방대한 신학적 지식 앞에서 우리는 종종 길을 잃습니다. 두꺼운 조직 신학 책을 펼치면 어디서부터 읽어야 할지, 어떤 순서로 이해해야 할지 막막합니다. 혼자 공부하다 보면 중요한 맥락을 놓치기도 하고, 잘못된 방향으로 나아가기도 합니다.

바로 이 지점에서 Gemini의 '가이드 학습' 기능이 빛을 발합니다. 이것은 단순히 정보를 제공하는 AI가 아닙니다. 목사님의 현재 지식 수준을 파악하고, 최적의 학습 경로를 설계하며, 한 걸음씩 함께 걸어가는 개인 교육 코치입니다.

가이드 학습은 구글의 LearnLM 기술을 기반으로 합니다. LearnLM은 교육학적 원리를 AI에 적용한 혁신적인 접근으로, 학습자 중심의 대화형 교육을 가능하게 합니다. 전통적인 검색이 '정답'을 던져 주는 방식이었다면, 가이드 학습은 '스스로 답을 찾아가는 여정'을 함께 걷는 방식입니다.

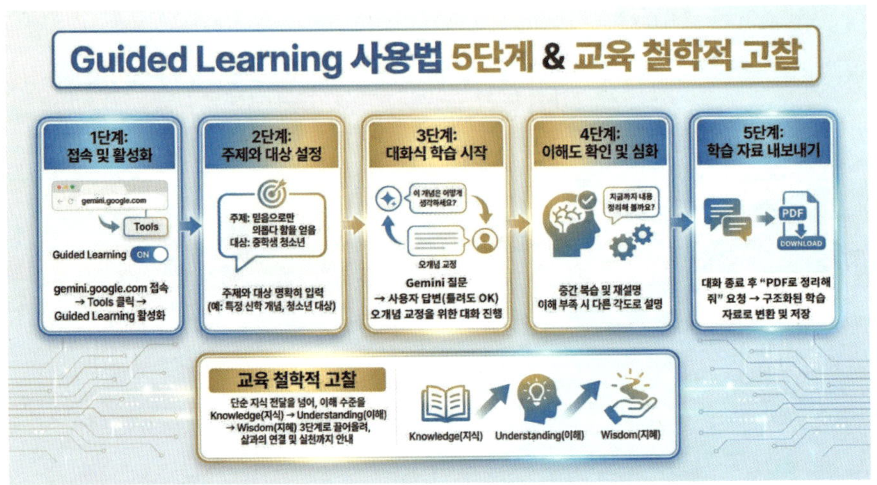

2. 단계별 학습의 힘

가이드 학습의 가장 큰 특징은 다섯 가지 핵심 기능으로 요약됩니다.

1) 맞춤형 학습 로드맵 설계

"바울의 3차 전도 여행"이나 "칼뱅의 예정론"처럼 배우고자 하는 주제를 입력하면, Gemini가 여러 가지 시작점을 제시합니다. 목사님의 현재 지식 수준과 관심사에 맞춰 학습의 전체 흐름을 구조화하는 것입니다. 예를 들어 "칼뱅의 예정론"을 선택하면, "신학 초심자를 위한 기본 개념부터 시작", "칼뱅과 아르미니우스의 논쟁 중심으로 접근", "성경 본문 중심의 해석학적 접근" 등 다양한 경로를 제안합니다. 목사님은 자신의 필요와 관심에 맞는 길을 선택하면 됩니다.

2) 단계별 상호작용(Step-by-Step)

복잡한 신학적 난제를 한 번에 쏟아 내지 않습니다. 목사님이 첫 번째 단계를 충분히 이해했는지 대화를 통해 확인한 뒤에야 비로소 다음 단계로 넘어갑니다. Gemini는 개념을 관리 가능한 단위로 나누고, 이해도를 확인하는 질문을 던지며, 목사님의 응답에 따라 설명을 조정합니다. 마치 숙련된 교수가 학생의 눈빛을 보며 강의 속도를 조절하듯, Gemini는 목사님의 반응을 읽고 적절한 속도로 나아갑니다. 이해가 부족한 부분이 감지되면 다른 각도에서 설명을 시도하고, 충분히 이해했다고 판단되면 더 깊은 수준으로 진입합니다.

3) 실시간 퀴즈 및 피드백

학습 중간중간 Gemini가 질문을 던집니다. "목사님, 방금 말씀하신 그 논리라면 이 구절과는 어떻게 연결될까요?"와 같은 질문에 답하다 보면, 본인이 이해한 내용이 얼마나 정확한지 점검하게 됩니다. 잘못된 답을 해도 바로 정답을 알려 주지 않고, 다시 생각해 보도록 지혜로운 힌트를 줍니다. "그 해석도 흥미롭습니다. 그렇다면 바울이 같은 서신 3장에서 했던 말과는 어떻게 조화를 이룰 수 있을까요?" 이런 식으로 스스로 오류를 발견하도록 돕습니다. 또한 퀴즈 결과나 수업 자료를 바탕으로 플래시카드와 학습 가이드를 생성해 달라고 요청할 수도 있습니다. 이는 장기 기억으로 전환하는 데 매우 효과적인 방법입니다.

4) 업로드 자료 기반 학습

자신의 강의 노트, 연구 논문, PDF를 업로드하면 Gemini가 그 자료에 기반하여 설명을 제공합니다. 목사님의 신학적 관점이나 교회의 교육 자료를 바탕으로 맞춤형 학습이 가능합니다. 예를 들어 지난 10년간 목사님이 작성한 "요한복음 강해 노트"를 업로드하면, Gemini는 그 노트의 신학적 관점을 존중하면서 더 깊은 질문을 던지거나 다른 각도의 해석을 제안할 수 있습니다. 이는 목사님만의 독특한 신학적 여정을 존중하면서도 새로운 통찰로 확장시켜 줍니다.

3. 교리 교육부터 성경 원어 학습까지

가이드 학습 기능을 실제 목양실에서 어떻게 활용할 수 있을지, 세 가지 장면을 그려 보겠습니다.

1) 시나리오 1: 설교 준비를 위한 역사적 배경 탐구

강해 설교의 생명은 본문이 기록된 당시의 공기를 읽어 내는 데 있습니다. 역사적 배경을 제대로 이해하지 못하면 본문의 참뜻을 놓치기 쉽습니다.

| 활용 예시 |

"Gemini, 가이드 학습 모드를 켜줘. 서기 1세기 에베소 지역의 아르테미스 신전 숭배가 당시 초기 기독교 공동체에 미친 영향에 대해 배우고 싶어. 내가 직접 사고하며 정리할 수 있게 단계별로 가르쳐 줘."

Gemini는 먼저 "목사님은 에베소 교회가 직면했던 우상 숭배 문제에 대해 어느 정도 알고 계신가요?"라고 물으며 시작점을 파악합니다. 그런 다음 아르테미스 신전의 경제적·사회적 영향력을 설명하는 이미지와 동영상을 제

공하며, "왜 바울의 복음 선포가 은세공인들의 격렬한 반발을 샀을까요?"라
는 질문을 던집니다. 이 과정을 통해 목사님은 단순히 지식을 '복사'하는 것
이 아니라, 당시 성도들이 겪었을 영적 갈등과 복음의 능력을 생생하게 '경
험'하며 강단에 오르게 됩니다. 이렇게 체득한 배경 지식은 설교에 깊이와 현
장감을 더해 줍니다.

2) 시나리오 2: 성서 언어(헬라어 · 히브리어)의 맥락적 이해

주석에 나오는 단어 뜻을 암기하는 수준을 넘어, 그 단어가 문장 안에서 가
지는 미묘한 숨결을 학습할 수 있습니다. 성경 원어를 제대로 이해하면 번역
으로는 느낄 수 없는 새로운 깊이가 열립니다.

| 활용 예시 |

"로마서 8장에 나오는 '프뉴마(Pneuma)'의 의미를 가이드 학습으로 배
우고 싶어. 바울이 이 단어를 사용할 때의 신학적 의도를 문답식으로
가르쳐 줘."

Gemini는 '영'이라는 단어의 구약적 배경인 '루아흐'부터 시작해, "목사님, 창
세기 1:2 하나님의 '영'이 수면 위를 움직이신다 할 때의 '루아흐'는 어떤 뉘
앙스를 갖고 있을까요?"라고 질문하며 목사님의 신학적 상상력을 자극할 것
입니다. 이어서 70인역(LXX)에서는 이것이 어떻게 번역되었는지, 바울 시대
의 헬라 철학에서 '프뉴마'는 어떤 의미였는지를 단계적으로 탐구합니다. 마
지막으로 바울이 이 단어를 사용할 때 어떤 독특한 신학적 전환을 이루었는
지 깨닫게 됩니다. 이런 깊이 있는 이해는 설교에 학문적 권위와 영적 통찰

을 동시에 부여합니다.

3) 시나리오 3: 제자 훈련 및 성경 공부 교재 제작

목사님이 AI와 나눈 깊이 있는 대화는 그 자체로 훌륭한 교재가 됩니다. 목사님이 학습하는 과정을 성도들도 그대로 따라갈 수 있도록 정리하면, 매우 효과적인 교육 자료가 됩니다.

| 활용 예시 |

"방금 우리가 학습한 '산상 수훈의 팔복' 내용을 바탕으로, 우리 교회 평신도들이 스스로 생각하며 답할 수 있는 5가지 질문과 요약 가이드를 만들어 줘."

AI와 나눈 지적 탐구의 여정이 곧바로 성도들을 위한 양질의 교육 콘텐츠로 변환되는 순간입니다. Gemini는 플래시카드와 학습 가이드를 생성하는 데도 탁월합니다. 목사님이 배운 과정을 성도들에게 그대로 전달할 수 있어 교육의 연속성과 일관성이 확보됩니다.

4. 가이드 학습 사용법 5단계

① 1단계: 가이드 학습 활성화

프롬프트 입력 창에서 'Tools'를 클릭합니다. '가이드 학습' 옵션이 보이면 활성화합니다.

② 2단계: 학습 주제와 대상 설정

"Justification by faith alone(믿음으로만 의롭다 함을 얻음)이라는 개념을 중학생 청소년에게 가르쳐 줘"처럼 주제와 대상을 명확히 합니다.

③ 3단계: Gemini와 대화식 학습 시작

Gemini가 질문을 던지면 성도님(또는 학습자)이 답변합니다. 틀린 답을 해도 괜찮습니다. Gemini는 왜 그렇게 생각했는지 물어보며, 오개념을 교정합니다.

④ 4단계: 이해도 확인 및 심화

Gemini는 중간중간 "지금까지 배운 내용을 정리해 볼까요?"라며 복습 시간을 갖습니다. 이해가 부족한 부분이 있으면 다른 각도로 재설명합니다.

⑤ 5단계: 학습 자료 내보내기

대화가 끝나면 도구를 Canvas로 변경하고, "오늘 배운 내용을 슬라이드로 정리해 줘"라고 요청하세요. Gemini는 대화 내용을 Canvas 편집 창을 열고서 슬라이드로 편집된 자료로 변환해 줍니다. 일반 문서 스타일로도 변환되기 때문에 바로 학습 자료를 생성할 수 있습니다.

5. 교육 철학적 고찰

가이드 학습은 단순히 지식을 전달하는 것이 아니라 학습자의 이해 수준을 'Knowledge(지식) → Understanding(이해) → Wisdom(지혜)'의 3단계로 끌어올립니다. Gemini는 지식을 제공하되, 그것이 학습자의 삶과 어떻게 연결되는지(Understanding), 그래서 어떻게 살아야 하는지(Wisdom)까지 안내합니다.

이는 전통적인 주입식 교육에서 벗어나 학습자 중심의 탐구형 학습을 가능하게 합니다. 목사님은 더 이상 모든 답을 알려 주는 '지식의 전달자'가 아니라, 성도들이 스스로 진리를 발견하도록 돕는 '학습의 촉진자'가 됩니다. 가이드 학습은 단순히 정보를 제공하는 도구가 아닙니다. 목사님과 함께 문제를 고민하고, 더 깊고 넓은 시야로 사역을 준비하도록 돕는 지혜로운 동행자입니다. 이 전문가와 함께라면, 목회자의 연구와 학습은 새로운 차원으로 도약할 것입니다.

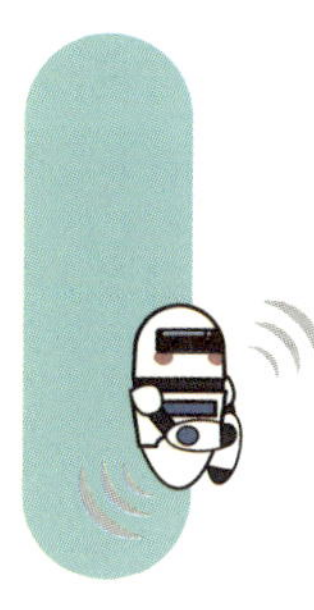

제12장
시각적 레이아웃
(문서를 살아 있는 경험으로)

아무리 좋은 내용이라도 시각적으로 매력적이지 않으면 사람들의 주목을 받기 어렵습니다. 우리는 이미지와 영상의 시대를 살고 있기 때문입니다. Gemini의 최신 기능 중 하나인 '시각적 레이아웃(Dynamic View)'과 '생성형 UI(Generative UI)'는 바로 이 지점에서 혁신을 가져옵니다. 단순한 텍스트 문서를 시각적으로 풍성하고 인터랙티브한 경험으로 바꿔 주는 것입니다.

1. 시각적 레이아웃(Dynamic View)과 생성형 UI(Generative UI)의 혁신

1) 시각적 레이아웃(Dynamic View)이란 무엇인가

시각적 레이아웃은 Gemini가 응답을 생성할 때, 단순한 텍스트를 넘어 시각적으로 구조화된 레이아웃으로 정보를 제시하는 기능입니다. 2025년 후반부터 본격적으로 도입된 이 기능은 검색 결과에서 가져온 실제 이미지, 지도, 다이어그램, 유튜브 영상을 포함하여 정보를 입체적으로 전달합니다.

특히 주목할 점은, AI가 임의로 생성한 가짜 이미지가 아니라 검증된 웹 소스에서 가져온 실제 이미지와 정보를 사용한다는 것입니다. 이미지의 출처가 우측 상단에 표시되며, 클릭하면 원본 페이지로 이동할 수 있습니다. 정보의 정확성과 신뢰도가 생명인 목회 현장에서, 성도들에게 실제 역사적 근거를 시각적으로 보여 줄 수 있다는 것은 엄청난 사역 자산이 됩니다.

2) 생성형 UI의 혁명

생성형 UI는 한 단계 더 나아갑니다. 사용자의 요청에 따라 완전히 작동하는 인터랙티브 웹 애플리케이션을 즉석에서 생성하는 것입니다. 코딩 지식이 전혀 없어도, "십일조 계산기를 만들어 줘"라고 요청하면 Gemini가 HTML/CSS/JavaScript를 실시간으로 작성하여 슬라이더를 드래그하면 그래프가 업데이트되는 계산기 앱을 만들어 줍니다.

이 기능들의 가장 큰 가치는 '직관성'과 '상호 작용성'에 있습니다. 예를 들어 "종교 개혁의 역사에 대해 설명해 줘"라고 요청했을 때, 시각적 레이아웃이 활성화되면 관련 인물의 초상화, 당시의 상황을 보여 주는 지도, 연도별 타임라인 탭, 그리고 관련 유튜브 영상이 한 화면에 어우러진 구조화된 인터페이스를 제공합니다.

2. 잡지 스타일(Magazine-style)과 인터랙티브 콘텐츠

1) 잡지 스타일 레이아웃의 힘

프롬프트에 "magazine style" 또는 "잡지 스타일"이라는 키워드를 포함하면, Gemini가 생성형 UI를 더 적극적으로 활용하도록 유도할 수 있습니다. "내셔널 지오그래픽 스타일", "현대적인 기업 보고서 스타일" 등 구체적인 참조 대상을 제시하면 더욱 효과적입니다.

구글 문서에서 '생성 도우미' 기능을 사용하면, 목사님이 궁금해하는 내용을 바탕으로 시각적 배치를 구성합니다. 이는 목사님만의 고유한 메시지를 디자인에 녹여 내는 가장 강력한 방법입니다.

2) 탭 내비게이션과 구조화

시각적 레이아웃은 정보를 탭으로 구성할 수 있습니다. 성경 공부 자료를 만들 때 "개요", "역사적 배경", "신학적 의미", "적용"으로 탭을 나누어 달라고

사도 바울의 2차 전도 여행 경로를 시각적 레이아웃으로 정리해줘. 주요 도시의 사진과 지도를... ⌄

지역별 주요 여정 및 도시

소아시아(출발) | **마케도니아(유럽)** | 아가야 및 귀환

마케도니아 여정: 유럽 선교의 첫걸음

드로아에서 배를 타고 유럽령인 네압볼리에 도착한 바울 일행은 마케도니아 지방의 주요 도시들을 거치며 박해와 승리를 동시에 경험합니다.

- 주요 사역: 빌립보 교회 개척, 데살로니가 사역
- 핵심 특징: 로마의 주요 간선 도로인 '에그나티아 가도'를 따라 이동

마케도니아의 주요 도시

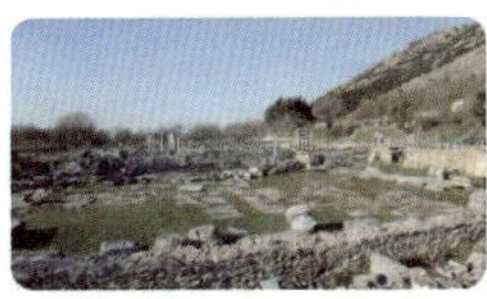

빌립보 (Philippi)

유럽 대륙에서 처음으로 복음이 전파된 도시이며, 루디아가 첫 개종자

데살로니가 (Thessalonica)

당시 마케도니아의 수도였으며, 짧은 기간이었지만

베뢰아 (Berea)

베뢰아 사람들은 '데살로니가 사람들보다 더 신사적이어서

무엇이 궁금하신가요?

+   시각적 레이아웃 ✕　　　　　　　　　　　Pro ⌄ 🎤

요청하면 체계적인 학습 자료가 완성됩니다. 성도들은 자신이 필요한 부분만 선택해서 볼 수 있어 학습 효율이 높아집니다.

예를 들어 "사도 바울의 2차 전도 여행 경로를 시각적 레이아웃으로 정리해 줘. 주요 도시의 사진과 지도를 포함해 줘"라고 요청하면, Gemini는 각 도시별로 탭을 만들어 정보를 분류하고, 현장 사진과 동선 지도를 배치합니다. "빌립보", "데살로니가", "베뢰아" 등 각 도시를 탭으로 구분하여 클릭할 때마다 해당 지역의 정보가 펼쳐지는 구조입니다.

3. 설교 자료와 교육 콘텐츠의 시각화

1) 성경 공부를 위한 비주얼 가이드 제작

이스라엘의 지형이나 성막의 기구들처럼 눈으로 보지 않으면 이해하기 힘든 주제를 다룰 때, 시각적 레이아웃 기능은 빛을 발합니다. 추상적인 설명보다 구체적인 이미지가 훨씬 효과적인 영역입니다.

"창세기의 6일 창조 과정을 각 날짜별로 시각화하여 교육 자료를 만들어 줘"라고 요청하면, Gemini는 각 날을 탭으로 구분하고, 관련 이미지와 성경 구절, 신학적 해석을 구조화된 형태로 제시합니다. 주일 학교 교사들이 이 자료를 그대로 사용하거나 필요에 맞게 수정하여 활용할 수 있습니다.

2) 당회 보고와 사역 기획안의 변신

당회 보고나 공동 의회에서 사용하는 자료가 깨알 같은 텍스트로만 되어 있다면, 장로님들과 성도님들의 집중력을 떨어뜨립니다. 아무리 좋은 내용이라도 시각적으로 매력적이지 않으면 주목받기 어렵습니다.

구글 문서의 '생성 도우미'에서 "우리 교회의 올해 사역 방향인 '다음 세대와 함께하는 교회'를 주제로 시각적 기획안을 작성해 줘. @2025사역평가.docx를 참고해 줘"라고 입력하면, 비전에 어울리는 고품질 커버 이미지와 함께 핵심 지표를 보여 주는 인포그래픽 형태의 레이아웃이 포함된 세련된 기획안이 탄생합니다. 통계 수치는 차트로, 사역 목표는 아이콘과 함께 제시되어 한눈에 이해할 수 있습니다.

3) 인터랙티브 신앙 성장 도구

시각적 레이아웃을 활용하면 성도들이 직접 상호 작용할 수 있는 도구를 만들 수 있습니다. 이는 정적인 문서로는 불가능했던 새로운 차원의 교육입니다.

"십일조 계산기를 만들어 줘. 사용자가 월 소득을 입력하면 십일조 금액을 자동 계산하고, 연간 헌금 누적액을 그래프로 보여 주는 도구를 만들어 줘"라고 요청하면, 시각적 레이아웃이 HTML/CSS/JavaScript를 실시간으로 작성하여 슬라이더와 계산기가 포함된 완전한 웹 앱을 생성합니다. 성도들은 숫자를 입력하면 즉시 그래프가 업데이트되는 인터랙티브한 경험을 제공받습니다.

출애굽기 31장을 묵상하다 보면, 하나님께서 성막을 지으실 때 브살렐에게 하나님의 영을 충만하게 하시며 지혜와 총명과 지식과 여러 가지 재주를 주

셨음을 알 수 있습니다. 하나님은 브살렐을 통해 정교한 일을 연구하고 만들게 하셨습니다. 이는 진리를 담는 '그릇' 또한 하나님의 지혜로 아름답게 빚어져야 함을 시사합니다. Gemini의 시각적 레이아웃은 단순한 기술적 편의를 넘어, 하나님의 진리를 더욱 선명하고 아름답게 드러내는 '현대판 브살렐의 도구'가 될 수 있습니다.

제4부

NotebookLM 깊이 파기

제13장
Gemini와는 다른 길, NotebookLM

Gemini와 같은 AI 챗봇은 마치 방대한 지식을 가진 한 명의 박식한 전문가가 모든 자료와 정보를 머릿속에 담아 두었다가, 내가 물으면 언제든 자유롭게 답을 내놓는 것처럼 느껴집니다. 거대한 데이터베이스를 등에 업고, 실시간 질의응답은 물론 창의적 글쓰기와 아이디어 브레인스토밍, 여러 가지 요약이나 분류 작업까지 정말 다양한 역할을 빠르고 유연하게 해낼 수 있습니다. 하지만 때로 이런 '만능 AI'의 놀라운 범용성과 속도만으로는 아쉬움이 남기도 합니다. 그 정보가 지금 내 현실, 내 목회 현장에 꼭 맞는지, 자료의 신뢰도가 충분한지 고민이 깊어질 때가 있기 때문입니다.

이런 한계를 넘어 더욱 깊이 있는 연구와 실제적인 도움을 주는 도구가 바로 NotebookLM입니다. NotebookLM은 '내가 직접 고르고 축적한 자료'에만 집중해 작동하는 완전 맞춤형 AI 작업실입니다. Google이 개발한 이 플랫폼은 신학생, 목회자, 교회 사역자 각각이 쌓아 온 데이터베이스와 사역 현장에 꼭 맞춰서, 연구와 자동화, 실제 업무까지 손쉽게 연결해 줍니다. 이제는 기존 AI가 가진 한계를 뛰어넘어 나만의 자료에 기반한 더 깊고, 더 신뢰할 수 있는 연구와 실질적인 결과물을 만들어 낼 수 있습니다. AI가 내 서재와 기록을 바탕으로 진짜 동역자가 되는 길, NotebookLM에서 시작해 볼 수 있습니다.

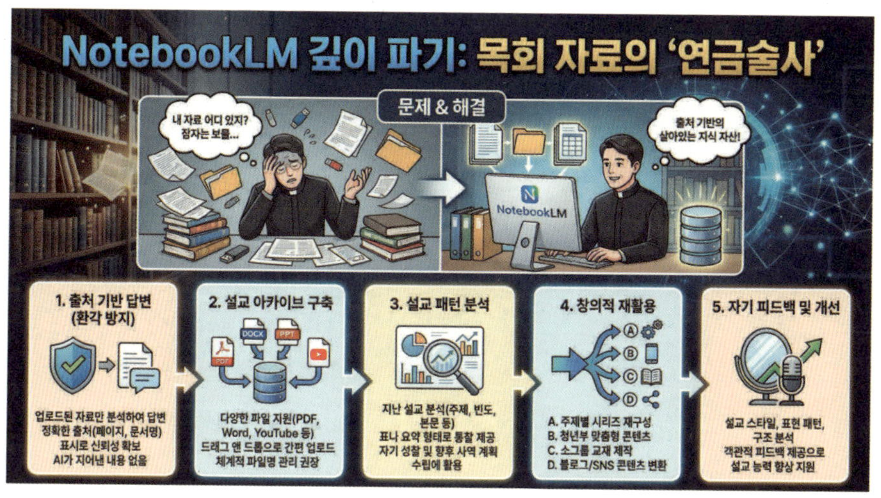

1. 자료 중심 연구, 오롯이 '나만의 AI'

NotebookLM의 가장 큰 특징은 '내 자료만으로 AI가 움직인다는 점'에 있습니다. PDF, 워드 파일, 주보, 논문, 교육 자료, 설교문, 연구 노트 등 내가 직접 만든 파일을 하나씩 업로드하면, AI가 그 문서들을 빠르게 내 데이터베이스로 학습해 줍니다. 이때 파일별 제목, 주요 키워드, 페이지별 정보, 중요한 주제나 인물, 핵심 논점까지 모두 AI에 자동 등록됩니다. 그 결과 내가 업로드한 자료 속에서 즉석 Q&A를 할 수도 있고, 자동 요약이나 비교·분석 같은 실전 기능도 손쉽게 활용할 수 있습니다.

2025년 10월 업데이트를 통해 NotebookLM은 Gemini의 100만 토큰 콘텍스트 창을 완전히 활용하게 되었습니다. 이는 약 50만 단어에 해당하는 엄청난 양의 정보를 한 번에 처리할 수 있음을 의미합니다. 실용적인 관점에서 볼 때, 수백 페이지에 달하는 학술 논문, 법률 문서, 기술 보고서 전체를 단일 세션에서 분석할 수 있게 된 것입니다. 또한 대화 기억 능력이 6배 향상되어 수 주간에 걸친 장기 연구 프로젝트도 중단 없이 진행할 수 있으며, 응답 품질도 50% 개선되었습니다.

이 방식 덕분에 Gemini와 달리 불확실한 외부 자료나 'AI의 환각 증상(hallucination)'에 대한 걱정도 크게 줄어듭니다. 신학 논문, 연구 보고서, 교단 자료, 평소에 자주 사용하는 설교 노트 등 신뢰도 높은 소스를 바탕으로 일하니, 특히 소장 자료가 많은 목회자나 연구자라면 그 생산성이 더욱 강력하게 느껴질 것입니다.

무료 사용자의 경우 1개의 노트북에 50개의 소스를 넣을 수 있고, 노트북은 100개까지 생성할 수 있습니다. 유료 사용자의 경우 1개의 노트북에 300개의 소스를 넣을 수 있고, 노트북은 500개까지 생성할 수 있습니다. 비교적 최근에 공개된 인포그래픽, 슬라이드 자료, 데이터 등을 사용하는 데도 약간의 차별이 있으며, 오디오 오버뷰, 동영상 개요를 생성하는 횟수 등에서 차이가 있습니다.

2. NotebookLM 시작하기, 첫 노트북 만들기

NotebookLM을 시작하는 과정은 정말 직관적이고 간편합니다. 컴퓨터에서 notebooklm.google.com에 접속해 로그인하면, 군더더기 없이 깔끔한 화면이 여러분을 반겨 줍니다. 화면 중앙에 '+ New notebook' 혹은 '새 노트북'이라는 버튼이 크게 보이는데, 이것만 클릭하면 바로 새로운 작업 공간이 만들어집니다.

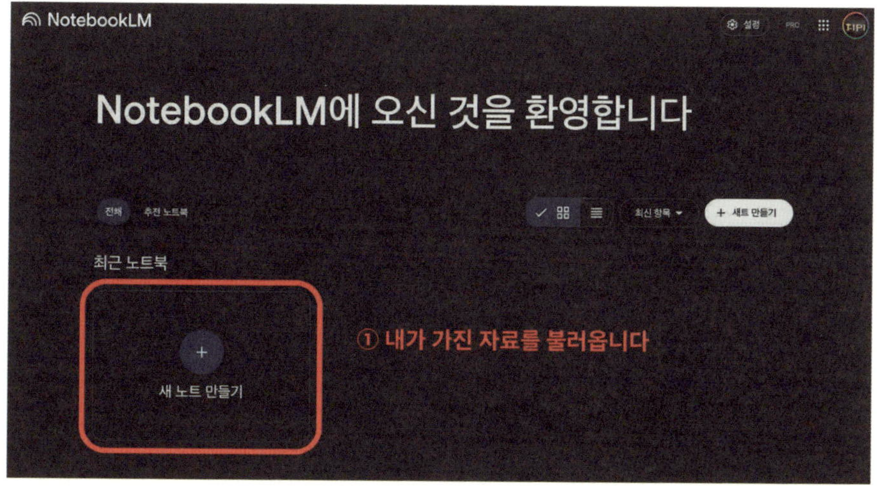

NotebookLM에서 '노트북'은 하나의 프로젝트이자 주제별 연구실 같은 역할을 합니다. 설교 준비, 신학 연구, 교육 자료, 교회 행정 등 원하는 분야별로 파일을 모아 하나의 노트북에 묶어 둘 수 있고, AI가 그 자료집을 중심으로 분석해 줍니다. 예를 들어 "요한계시록 연구"라는 이름으로 새 노트북을 만들면, 요한계시록과 관련된 논문, 주석, 강의 자료만 집중해서 관리할 수 있습니다.

또 "2025년 설교 모음" 노트북을 만들면, 올해 설교 자료만 따로 모아 두고 쌓이는 자료를 빠르게 검색하고 깊이 분석할 수도 있습니다. 목적에 따라 여러 노트북을 나눠 쓰면, 자료 관리 자체가 훨씬 체계적이고 깔끔해집니다.

새로 만든 노트북의 이름은 처음엔 'Untitled notebook(제목 없음)'으로 표시되는데, 왼쪽 상단을 클릭하면 원하는 주제로 이름을 바꿀 수 있습니다. "요한계시록 심화 연구", "설교 시리즈: 사랑", "목회 세미나 자료" 등으로 좀 더 구체적으로 명명해 두면, 여러 노트북을 쌓아 둘 때도 각각 용도가 확실히 구분돼 편리합니다. 앞으로 다양한 프로젝트별 노트북을 만들고 체계적으로 관리하고 싶다면, 노트북의 이름을 잘 정하는 것이 정말 중요합니다.

1) 다양한 방법으로 자료 추가하기

이제 자료를 올릴 차례입니다. 노트북을 생성하고 들어가면 소스 추가 팝업 창이 열립니다. 직관적인 UI 구성으로 사용하기가 크게 어렵지 않습니다.

- 소스 업로드: 컴퓨터에 있는 파일을 직접 올릴 수 있습니다. PDF, 워드, 텍스트 등 다양한 문서가 모두 지원됩니다. 2025년 11월 업데이트를 통해 이미지 파일도 직접 업로드할 수 있게 되었으며, 이미지 속의 정보(도표, 표, 인포그래픽의 숫자와 텍스트)를 자동으로 인식해 채팅 기능과 연결할 수 있습니다.
- 웹 사이트 & YouTube: 웹 페이지 URL을 입력해 연결하면 AI가 해당 사이트의 텍스트를 분석합니다. 또한 유튜브 영상 링크를 추가하면, AI가 자동으로 영상의 자막이나 주요 개요를 분석해 줍니다.

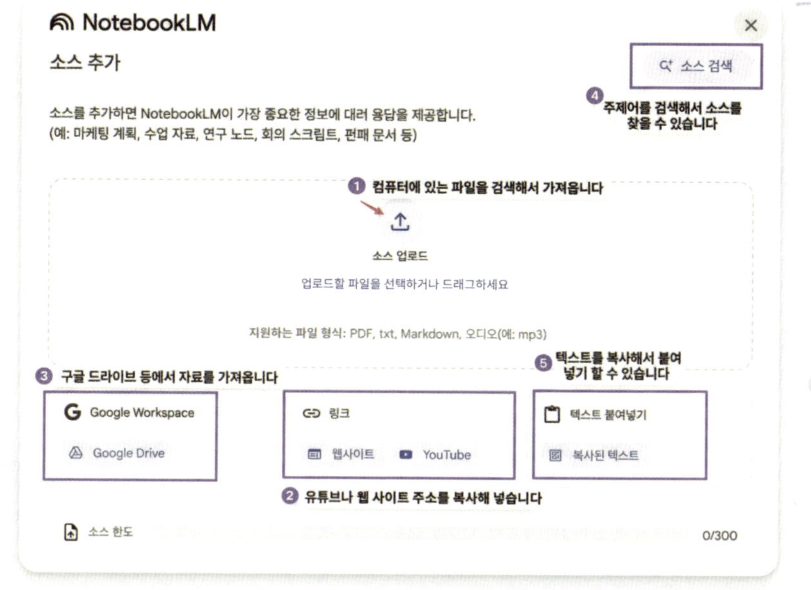

- Google Drive: 구글 드라이브 계정에 있는 파일을 바로 연결하고 불러올 수 있습니다.
- 소스 검색: 웹에서 키워드를 넣어서 소스 검색을 하고, 찾은 자료를 불러와 소스로 만들 수 있습니다. 이는 2025년 11월 '딥 리서치(Deep Research) 모드' 업데이트를 통해 추가된 기능으로, 복잡한 주제를 자동으로 리서치하고 종합적인 보고서를 생성해 줍니다.
- 텍스트 붙이기: 본문 텍스트를 복사해서 직접 붙여 넣는 빠른 옵션도 있습니다.

이 기능을 활용하면, 예를 들어 "요한계시록 본문별 주석 분석 프로젝트"를 만드는 경우 NIV, 공동번역, 각종 주석서 PDF, 강의 노트, 관련 논문 등을 한 노트북에 넣고 "이 본문에 대해 주요 주석자별 해석의 차이점은 무엇인가?", "역사적·신학적 흐름에 따른 요한계시록 해석의 변화는 어떻게 잡히는가?"라고 질문할 수 있습니다. AI가 자료 전체를 분석한 후 관련 답변을 명확하게 제공합니다.

교육 자료 분석, 설교 시리즈 구상, 교회 회의록 비교 등 반복 업무나 연구 프로젝트에도 NotebookLM은 군더더기 없는 효율과 범용성을 보여 줍니다. 자료마다 '소스'로 업로드해 하나의 노트북 공간에서 핵심 분류, 요약, 비교, Q&A 생성까지 AI가 자동으로 처리하니, 복잡하고 산만한 공부나 업무도 일목요연하게 정리됩니다.

NotebookLM의 이 첫 시작만 제대로 익혀 두면, 앞으로 성경 연구, 설교 작성, 논문 자료, 교육 교재, 교회 행정까지 모든 방대한 자료 관리가 손쉽게 진행됩니다. 방대한 문서를 업로드하고, 주제별로 프로젝트를 나누고, 필요할 때마다 핵심 정보를 빠르게 뽑아 쓰는 AI 연구실의 힘. 이제 목회 현장과 연구, 교육의 모든 기반이 NotebookLM에서 한층 더 체계적이고 창의적으로 진화합니다.

3. 문서 요약과 핵심 추출하기

자료를 올린 뒤에 NotebookLM의 진짜 강점이 빛을 발합니다. 대화 창에 다양한 질문을 입력하면, 여러분이 추가한 모든 주석·논문·강의가 기준이 되어 즉시 답변이 나옵니다.

1) 전체 요약 기능

가장 먼저 전체 요약 기능을 활용해 봅시다. "업로드한 모든 자료를 종합해서, 요한계시록의 핵심 주제를 5가지로 요약해 줘"라고 질문하면, NotebookLM은 모든 자료를 읽어서 가장 많이 반복되고 중심이 되는 주제 5개를 뽑아 줍니다. 예를 들어 "① 어린 양 예수 그리스도의 승리, ② 하나님 보좌 중심의 예배, ③ 이기는 자에게 주시는 약속, ④ 영적 전쟁과 짐승의 실체, ⑤ 새 하늘과 새 땅의 완성"과 같은 결과가 나옵니다. 이것만 봐도 다양한 자료를 한눈에 정리할 수 있어 설교 준비나 교육 자료 작성이 놀라울 정도로 쉬워집니다.

2) 특정 본문 상세 분석

어떤 구절이나 본문에 대해 더 자세히 알고 싶다면, "요한계시록 5장 12절에 대해 업로드한 주석들이 어떻게 해석하는지 비교해 줘"라고 질문하면, NotebookLM은 매튜 헨리 주석, 존 맥아더, 틴데일 등 개별 자료마다 각기 다른 해석과 강조점, 적용을 비교 · 분석해 줍니다.

예를 들어 "매튜 헨리는 어린 양의 영광을 강조하고, 존 맥아더는 만물의 경배 대상으로서의 그리스도를 중심으로 설명하며, 틴데일은 십자가 사건과 부활의 승리에 초점을 둡니다." 이런 식으로 여러 관점을 일목요연하게 보여 주니 균형 잡힌 설교나 강의 준비에 정말 큰 도움이 됩니다.

3) 신학적 관점 및 저자별 주장 파악

더 세분화된 분석도 가능합니다. 예를 들어 "업로드한 자료 중에서 개혁주의 관점을 가진 저자들의 주장을 따로 정리해 줘."라고 적으면, NotebookLM이 저자들의 각 논문, 주석, 강의에 나타난 신학적 입장을 분석해 개혁주의적 해석, 목회 적용, 교리적 특성 등 관련 부분만 따로 요약해 줍니다. 신학 전통별로 자료를 빠르게 비교·분석할 수 있으니 학술 연구에 매우 효율적인 방식입니다.

4) 현대 교회 실천 적용점 추출

설교나 교육 적용 부분이 고민될 때는 "업로드한 자료에서 요한계시록을 현대 교회에 적용하는 실천적 제안들을 모아 줘"라고 질문하세요. NotebookLM은 각 주석이나 논문에서 실천적 적용 구절, 성도에 대한 교훈, 교회 공동체 생활의 권면들이 어디에 있는지 자동으로 솎아 목록으로 뽑아 줍니다. 설교 적용, 성경 공부 Q&A, 사역 기획 등에 아주 유용하게 바로 활용할 수 있습니다.

5) 정확성과 신뢰, '자료 안에서만 답'

무엇보다 중요한 점은, NotebookLM이 여러분이 올린 자료, 딱 그 범위 안에서만 답변한다는 것입니다. 올리지 않은 정보는 절대 인용하지 않고, "이 내용은 업로드한 자료에 없습니다"라고 명확히 알려 줍니다. 인터넷이나 불확실한 외부 정보가 섞이지 않는다는 점에서, 신학적 정확성과 사역 신뢰도를 확실히 보장할 수 있습니다. 복잡하고 방대한 자료에도 이런 식으로 묻고 분석할 때, NotebookLM은 실제 목회자와 신학자가 원하는 깊이와 맞춤 분석을 제공하고, 핵심만 빠르게 정리해 실무와 연구 현장의 생산성을 극대화합니다.

4. 설교 시리즈 기획하기

NotebookLM을 활용하면 설교 시리즈 기획이 훨씬 체계적이고 깊이 있게 변합니다. 과거 설교 자료를 자동으로 관리하고, 새로운 설교 주제와 흐름을 전략적으로 세울 수 있기 때문입니다.

1) 과거 설교 분석으로 시리즈의 밑그림 그리기

먼저, 지난 5년 동안 작성한 설교 원고 파일들을 한 노트북에 업로드합니다. PDF든 워드든 상관없고, 매년 10개씩 5년 치 정도라면 50개까지도 거뜬합니다. 이 자료들이 모이면, 여러분의 설교 스타일과 주제, 표현 패턴, 자주 사용하는 본문까지 AI가 한 번에 파악할 수 있습니다.

설교를 다 올렸다면 이렇게 질문을 시작하세요.

질문: "업로드한 설교들을 분석해서, 내가 가장 많이 다룬 성경 주제 10가지를 빈도순으로 정리해 줘."

응답 예시: NotebookLM은 모든 설교를 빠짐없이 읽고, "① 하나님의 사랑(45회), ② 믿음과 순종(38회), ③ 기도의 능력(32회)…"처럼 빈도순으로 정리해 줍니다.

장점: 내가 무엇을 가장 강조해 왔는지, 어떤 본문이나 주제가 빠지는지, 그리고 설교의 흐름을 스스로 객관적으로 파악할 수 있습니다.

2) 다루지 않은 주제와 설교 사각지대 확인

균형 잡힌 시리즈 설교를 준비하려면, 과거 설교에서 거의 다루지 않았던 주제를 분석하는 것이 상당히 중요합니다.

질문: "업로드한 설교에서 거의 다루지 않은 성경 주제는 뭐야? 중요한데 빠진 부분을 찾아 줘."

응답 예시: "성령의 은사, 사회 정의, 종말론 같은 주제는 거의 다뤄지지 않았어요."

의미: 반복되는 주제 외에 덜 다루어진 '사역 빈틈'을 찾아 새 시리즈 기획 때 놓친 부분을 채울 수 있습니다.

3) 설교 시리즈 구성 자동 제안받기

이제 자기 설교 스타일에 맞춘 새로운 시리즈를 자동으로 설계 부탁할 수도 있습니다.

질문: "내 설교 스타일을 바탕으로, '가정의 회복'이라는 주제로 6주 설교 시리즈를 제안해 줘. 각 주 차 본문과 제목, 핵심 메시지를 포함해서."

응답 방식: NotebookLM은 이전 설교의 표현, 강조점, 가치관을 학습해, 그 톤에 딱 맞는 본문 · 핵심 메시지 · 제목 리스트를 제시해 줍니다.

결과: "1주 차: '하나님의 가정 세우기'(에베소서 5장), 2주 차: '용서와 화해'(골로새서 3장), … 6주 차: '서로 섬기는 공동체'(사도행전 2장)" 등 일관성 강한 플랜을 만들 수 있습니다.

4) 내 설교 스타일과 사역 변화, 성장 추적하기

시간에 따른 자기 설교와 사역의 흐름, 강조점 변화도 분석할 수 있습니다.

질문: "2020년과 2025년 내 설교를 비교해서, 스타일이나 강조점이 어떻게 변했는지 분석해 줘."

응답 예시: "2020년에는 개인 신앙에 초점을 맞췄지만, 2025년에는 공동체와 섬김을 핵심 가치로 더욱 부각했습니다."

의미와 활용: 내 사역 성장과 변화의 궤적을 데이터로 추적할 수 있고, 팀원과 교회 리더 교육, 자기 평가와 비전 설계에 실질적인 피드백을 받을 수 있습니다.

결국, NotebookLM은 설교 시리즈 기획뿐 아니라 전체 사역의 맵을 그리고, 목표와 균형, 성장까지 관리하는 '목회 전략실' 역할을 합니다. 지금까지 쌓아 온 자료와 경험을 AI가 손쉽게 구조화해 주기에 반복 업무와 미묘한 변수까지도 빠짐없이 챙길 수 있습니다. 앞으로 설교뿐 아니라 리더 교육, 교회 프로젝트, 공동체 프로그램 등에도 NotebookLM의 전략적 분석 기능을 기획의 첫 단계부터 적극적으로 활용해 보세요.

5. [실전] 요한계시록 8주 설교 시리즈 준비 과정

실제 설교 시리즈를 준비하는 전 과정을 NotebookLM으로 어떻게 실행할 수 있는지 살펴보겠습니다. 이번 예시는 "요한계시록 8주 설교 시리즈"를 만드는 상황입니다.

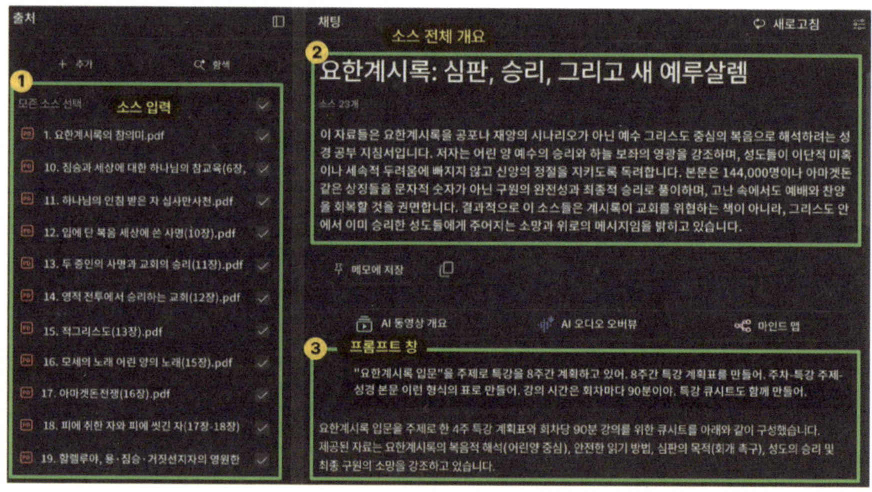

1) 1단계: 프로젝트 시작과 자료 집결

구글 notebooklm.google.com에서 '새 노트북'을 클릭합니다. 이름을 "요한계시록 8주 설교 시리즈"로 설정하고, 관련 파일을 "소스 업로드"에 업로드하세요. (아래 내용은 설명을 위한 예시입니다.)

요한계시록 주석 3권(PDF)

요한계시록 관련 신학 논문 2편

과거 요한계시록 설교 10편(Word)

유튜브 해당 영상 링크 5개

이렇게 총 20개의 자료가 하나의 프로젝트에 들어갑니다.

2) 2단계: 전체 설교 시리즈 구조 잡기

대화 창에 "너는 비로소교회 담임 목사야. 업로드한 자료를 종합해서 비로소교회 청년들을 위한 요한계시록 8주 설교 기획안을 3가지로 작성해 줘. 어떤 구조가 좋을지를 중심으로 제안해. 각 주 차마다 본문 범위와 핵심 주제가 포함되도록 작성하고, 각 기획안마다 시리즈 설교의 전체 주제도 제안해 줘" 라고 입력합니다.

NotebookLM이 아래와 같이 본문 범위, 핵심 메시지를 포함한 기획안 3가지를 제안합니다.

① 기획안 1: 복음적 서사 중심 구조

이 구조는 요한계시록의 장엄한 서사 흐름을 충실히 따르며, 전개되는 모든 사건의 통치권과 핵심이 어린양 예수 그리스도께 있음을 선명히 하는 데 중점을 둡니다. 이는 청년들이 요한계시록을 난해한 상징이나 두려운 예언으로만 대하는 시각을 넘어, 창조부터 종말까지 역사를 관통하며 완성되는 하나님의 거대하고 영광스러운 구속사적 드라마로 바라보게 합니다.

복음으로 다시 읽는 요한계시록(어린양의 승리에 동참하는 삶)		
주차	**본문 범위**	**핵심 주제**
1주 차	계 1:5-6	계시의 유일한 중심, 예수 그리스도(요한계시록을 여는 열쇠)
2주 차	계 3:11	고난 속 이기는 자에게 주시는 약속 (변함없는 믿음의 정절)
3주 차	계 5:12	하늘 보좌 예배: 영광과 권세를 어린 양께(만물의 경배 대상)
4주 차	계 6:9-10	하나님의 참교육: 심판은 공의와 회개의 경고(공포가 아닌 사랑의 경고장)
5주 차	계 7:14	흔들리지 않는 확신: 인침 받은 충만한 백성(구원의 제한이 아닌 완성)
6주 차	계 10:10-11	입에 단 복음, 세상에 쓴 사명: 증인의 삶(복음의 기쁨과 고난을 감당하는 길)
7주 차	계 17:14	영적 전투: 적그리스도와 바벨론의 실체(하나님께 돌릴 영광을 가로채는 모든 세력)
8주 차	계 21:3-4	최종 승리: 어린양의 재림과 영원한 통치(두려움 없는 성도의 소망과 완성)

② 기획안 2: 이분법적 구도 중심 구조

이 구조는 요한계시록이 제시하는 극명한 이분법적 대조(어린양을 따를 것인가, 짐승을 따를 것인가)에 초점을 맞춥니다. 세상 속에서 현실적인 영적 싸움

만왕의 왕 어린양(승리한 교회의 위로와 담대함)		
주차	**본문 범위**	**핵심 주제**
1주 차	계 4:11	보좌에 시선을 고정하라: 흔들리지 않는 기준(예배의 대상이 하나님과 어린양뿐이심)
2주 차	계 12:10-11	어린양의 피로 옷 입은 자: 이기는 자의 정체성(믿음으로 세상을 이긴다는 확신)
3주 차	계 13:8	세상의 짐승과 영적 공격의 실체(하나님의 영광을 가로채려는 적그리스도적 세력)
4주 차	계 16:6	공의의 심판: 성도의 신원에 대한 하나님의 응답(회개를 촉구하는 하나님의 정의와 자비)
5주 차	계 7:10	하나님의 인침: 구원받은 자의 완전한 보호(숫자가 아닌 충만함, 하나님의 긍휼로 주어진 은혜)
6주 차	계 11:15	고난 속 사명: 굵은 베옷을 입은 증인(박해 중에도 회개를 선포하는 교회의 역할)
7주 차	계 17:14	피에 취한 자와 피에 씻긴 자: 바벨론과의 구별(세속적 탐욕과 교만에서 분리된 삶)
8주 차	계 19:11	영원한 승리: 할렐루야와 새 노래(마귀와 심판을 넘어 영원히 하나님과 함께 거함)

(짐승과 같은 권력, 경제적 어려움 등)을 겪는 청년들에게 결단과 담대함을 촉구하게 하는 데 유용합니다.

③ 기획안 3: 청년들을 위한 신앙 정립 및 사명 구조

이 구조는 청년들이 요한계시록을 통해 자신의 구원 확신과 현재의 사명을 분명히 하도록 적용에 중점을 둡니다. 복잡한 상징 해석보다는 핵심적인 신앙적 기준(예수 그리스도, 교회)을 확립하는 데 도움이 됩니다.

두려움을 이기는 소망(어린양께 삶을 거는 청년 공동체).

주차		본문 범위	핵심 주제
1주 차		계 1:3	요한계시록, 두려움이 아닌 복된 말씀(예수 그리스도께 시선을 고정할 때 얻는 복)
2주 차		계 4:8	혼들리지 않는 신앙의 기준: 하나님의 주권(창조주, 구속자, 교회의 기준으로 분별함)
3주 차		계 3:11	나의 사명: 세상 속에서 끝까지 증언하는 교회(작은 능력으로도 말씀을 지키는 충실함)
4주 차		계 13:8	나는 누구를 경배하는가? 적그리스도의 유혹(세상 가치, 돈, 명예 등 우상적 요소 점검)
5주 차		계 12:15-17	광야에서의 양육: 하나님의 보호와 영적 전투(고난과 시련의 장소, 그러나 하나님이 예비하신 곳)
6주 차		계 16:15	심판과 회개: 인내하며 믿음을 지키라(복수와 보복이 아닌 하나님께 주권을 맡기는 태도)
7주 차		계 20:1-9	사탄의 한계와 성도의 최종 승리 확신(사탄은 잠깐 놓이지만 우리는 영원히 왕 노릇함)
8주 차		계 20:12	영원한 소망: 생명책에 기록된 자의 영광(우리의 행위가 아닌 어린양의 피로 얻은 구원 확신)

3) 3단계: 각 주 차별 심화 탐구

기획안 가운데 하나를 선택하고, 그 안에서 설교 준비를 위한 심화 탐구를 이어 갈 수 있습니다. 예를 들어, "1주 차 본문인 요한계시록 1:5-6에 대한 세 주석의 해석을 비교해 줘"라고 물으면, 각 주석서별 주안점과 해설 차이를 명확하게 보여 줍니다. 현대적 예화가 필요하면, "1주 차 설교에 쓸 수 있는 현대적 예화 아이디어를 3가지 제안해 줘"라고 물으세요. AI는 과거 설교의 예화 스타일에서 벤치마킹해 새로운 예시를 제안합니다.

4) 4단계: 설교 패턴과 사역 발전 추적

"내가 과거에 요한계시록으로 설교했을 때와 이번 시리즈의 차이점을 분석해 줘. 놓친 부분이 있다면 알려 줘"라고 질문하면,

"이전 설교는 개인 신앙에 집중, 이번에는 공동체 측면 강화 추천"

이런 수준의 변화와 성장 방향을 객관적으로 보여 줍니다.

5) 5단계: 교육 · 소그룹 자료 동시 제작

"기획안 1을 가지고 8주 시리즈에 맞춰 소그룹 성경 공부 교재를 만들려고 해. 각 주 차마다 질문 5개씩, 총 40개 질문을 만들어 줘"라고 명령하면, 각 본문마다 맞춤형 토론 및 공부 질문을 AI가 자동으로 생성합니다. 교재 집필과 소그룹 리더 준비가 동시에 해결됩니다.

6) 6단계: 오디오 요약과 미디어 자료 생성

자료 준비가 마무리되면, 'AI 오디오 오버뷰' 버튼을 눌러 보세요. 약 5분 후, 8주 시리즈 전체 내용을 대화 형식 요약본의 오디오 파일(팟캐스트)로 받아 볼 수 있습니다. 이 파일은 교회 홈페이지, 교육 리더 모임, 설교 미리 듣기 자료로 즉각 활용할 수 있습니다.

7) 정리

이처럼 NotebookLM 하나만으로도

- 자료 집결 · 분석
- 설교 흐름 설계
- 주 차별 심화와 토론
- 과거−현재 패턴 비교
- 교육 · 소그룹 자료 제작
- 오디오 · 비디오 미디어 생성
- 인포그래픽 · 슬라이드 생성

설교 시리즈 전체를 1개의 연구실에서 일목요연하게 준비할 수 있습니다. AI가 자료를 분류 · 분석해 주어, 목회자는 핵심 주제와 메시지 설계, 현장 적용에 더 집중할 수 있습니다. 시간 · 에너지 절약, 품질 균일화, 자료 출처 투명성, 현장 맞춤 콘텐츠 설계까지, NotebookLM은 목회자와 사역 팀에게 최고의 성경 · 설교 전략실이 될 것입니다.

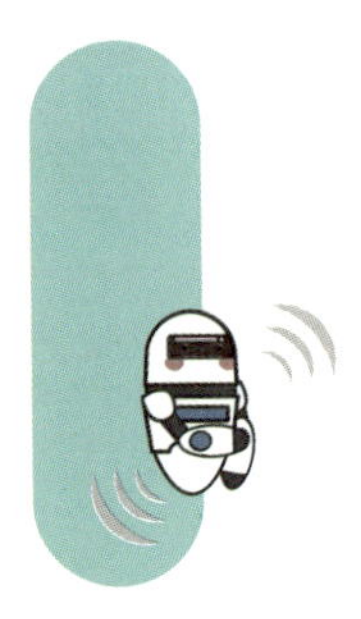

제14장
창조의 공간 '스튜디오(Studio)'

NotebookLM의 스튜디오는 목사님이 업로드한 자료를 단순히 분석하고 요약하는 차원을 넘어 전혀 새로운 형태의 '살아 있는 콘텐츠'로 변환해 주는 창조의 공간입니다. 마치 영화 제작 스튜디오에서 시나리오가 영상으로 탄생하듯, NotebookLM 스튜디오는 목사님의 문서를 오디오, 영상, 인포그래픽, 슬라이드 등 다양한 형태로 변신시켜 줍니다.

스튜디오는 크게 9가지 핵심 기능을 제공합니다. 1) 오디오 PD(AI 오디오 오버뷰), 2) 영상 기획자(동영상 개요), 3) 전략 분석가(마인드맵), 4) 행정 비서실(보고서 · 퀴즈), 5) 요약의 달인(인포그래픽), 6) 프레젠테이션(슬라이드 생성), 7) 데이터 표, 8) FAQ 생성, 9) 학습 가이드가 그것입니다. 이 9가지 도구는 각기 다른 목적을 지니고 있지만, 모두 목사님의 사역을 더욱 풍성하게 만들어 주는 강력한 무기입니다.

스튜디오에 접근하는 방법은 간단합니다. NotebookLM에서 노트북을 열고 소스(파일)를 업로드한 후, 화면 왼쪽 하단에 있는 '스튜디오' 메뉴를 클릭하면 됩니다. 9가지 기능이 카드 형태로 나타나며, 목사님은 원하는 기능을 선택하여 클릭 한 번으로 콘텐츠를 생성할 수 있습니다. 이제 각 기능을 깊이 있게 살펴보며 목회 현장에서의 구체적인 활용법을 알아보겠습니다.

1. 오디오 PD(AI 오디오 오버뷰): '듣는 묵상'의 혁신

1) 팟캐스트 시대의 목회: 귀로 듣는 말씀

현대 성도들은 바쁜 일상 속에서도 무언가를 듣고 배우려 합니다. 출퇴근길 지하철에서, 운전 중에, 혹은 집안일을 하면서 팟캐스트와 오디오북을 듣는 이유가 여기에 있습니다. 목사님의 귀한 설교와 성경 공부 자료가 오디오 형태로 제공된다면 어떨까요? 성도들이 언제 어디서나 편안하게 말씀을 접할 수 있게 될 것입니다. NotebookLM의 'AI 오디오 오버뷰'는 업로드된 문서를 분석하여 두 명의 AI 진행자가 대화하는 형식의 팟캐스트를 자동으로 생성해 줍니다. 마치 라디오 토크쇼처럼 자연스럽고 생동감 있는 대화체로 내용을 풀어냅니다.

2) AI 오디오 오버뷰란 무엇인가

AI 오디오 오버뷰는 2024년 9월 Google이 NotebookLM에 추가한 혁신적인 기능으로, 지속적인 업데이트를 거쳐 2026년 현재 더욱 정교해졌습니다. 이 기능의 핵심은 '대화형 학습'입니다. 단순한 낭독(TTS)을 넘어 두 AI 진행자가 실제 사람처럼 대화를 나누며 복잡한 개념을 쉽게 풀고 중요 포인트를 강조합니다. 현재 한국어를 완벽하게 지원하여 한국어 문서를 업로드하면 자연스러운 한국어 대화가 생성되므로 목회 현장에서 부담 없이 사용할 수 있습니다.

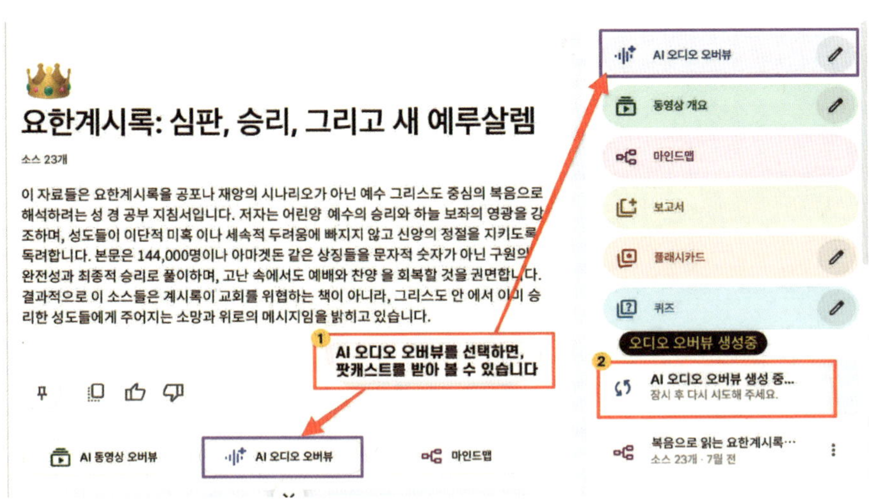

3) 사용 방법: 클릭 3번이면 완성

- 소스 업로드: 설교 원고나 성경 공부 자료(예: "사랑의 실천" 설교 원고)를 업로드합니다.
- 스튜디오 → 오디오 오버뷰 선택: 화면 왼쪽 하단의 '스튜디오' 메뉴에서 '오디오 오버뷰(Audio Overview)' 카드를 선택합니다.
- 생성 버튼 클릭: '오디오 생성' 버튼을 누르고 2~5분 정도 기다리면 10~15분 분량의 팟캐스트가 완성됩니다. 생성된 오디오는 바로 재생하거나 MP3 파일로 다운로드하여 공유할 수 있습니다.

4) 목회 현장 활용 시나리오

- 설교 리캡(recap) 팟캐스트: 주일 설교를 듣지 못했거나 복습을 원하는 성도들을 위해 40분 설교를 10분 핵심 요약 팟캐스트로 변환해 제공합니다.
- 성경 공부 예습 자료: 수요 성경 공부 전, 본문과 핵심 질문을 오디오로 만들어 성도들이 미리 듣고 오게 합니다. 모임에서는 더 깊은 나눔이 가능해집니다.
- 교리 교육 시리즈: 새 가족반이나 세례 준비반을 위해 '삼위일체', '구원의 확신' 등의 주제를 오디오 자료로 제작합니다. 대화형 설명이라 이해하기 쉽습니다.
- 선교사 및 해외 교민 목양: 시차나 인터넷 환경의 제약이 있는 해외 성도들에게 용량이 작은 오디오 팟캐스트로 말씀을 전합니다.

5) 고급 기능 및 주의 사항

2026년 업데이트된 기능으로 '맞춤형 지침'을 통해 오디오의 톤과 대상을 조절할 수 있습니다. 청년부에게는 활기찬 톤과 현대적 예시를, 장년부에게는 차분하고 경건한 톤을 요청할 수 있습니다. 단, 저작권이 있는 타인의 자료가 포함되지 않았는지 확인해야 하며, 생성 후에는 어색한 발음이 없는지 검토하는 것이 좋습니다.

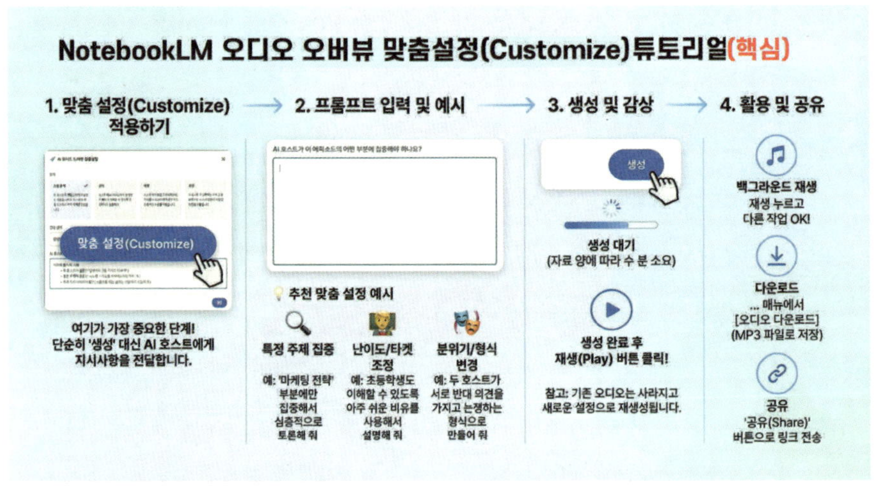

2. 영상 기획자(동영상 개요): 아이디어를 시각 자료로

동영상 개요는 목회자가 업로드한 각종 설교/교육/행정 자료를 바탕으로, PPT 슬라이드 형식의 구성과 AI 음성 내레이션을 결합한 발표용 동영상 초안을 순식간에 만들어 줍니다. 단순히 텍스트를 나열하는 것을 넘어서, 논문·보고서의 복잡한 구조, 교회 행사와 사역 프로젝트의 흐름, 교육 자료의 세부 주제를 한 번에 손쉽게 시각화합니다.

특히, 매주 반복되는 교회 소식, 당회·사역 보고, 교회 학교 교사 교육, 구역 리더 워크북 등 '설명해야 하는 핵심 내용'을 영상으로 빠르게 정리해 성도, 리더, 장로, 교사, 학생 모두에게 효과적으로 공유할 수 있는 강력한 기능입니다.

1) 영상 개요 실전 기능과 선택형 스타일

동영상 개요는 7~10분 분량의 시안을 자동으로 제작하며, 원하는 발표 스타일을 선택할 수 있습니다.

- 자동 선택: AI가 전달 목적에 따라 가장 적합한 레이아웃을 최적화
- 기본: 깔끔하고 실무 중심, 보고용 콘텐츠에 최적
- 화이트보드: 손 글씨와 판서 느낌, 이론 설명이나 교육 프레임에 강력
- 귀여움·애니메이션·수채화: 어린이·청소년·교회 학교·특별 행사 안내에 친근하게 전달
- 레트로·전통·종이 공예: 공동체·역사·교단 교육·창의적 발표에 맞춤화

각 스타일별로 도식·아이콘·삽화·강조 색상·배경 음악 등 시각 효과가 자동으로 삽입되며, AI 음성은 이해가 쉽고 친근하게, 내용 안내와 요약, 주제 해설과 질문 유도, 실제적 적용까지 자연스럽게 연결합니다.

2) 목회 현장 활용법

중요한 교회 소식 안내, 당회 보고, 리더 교육 브리핑 등 복잡하거나 핵심적인 내용은 텍스트와 표, 설명만으로 효과적 전달이 어렵습니다. PPT 동영상 초안(7~10분, 시각효과+내레이션)으로 변환하면, 장로님 · 성도님 · 리더 · 교사 모두가 보고 듣고 이해하는 속도가 빨라집니다.

예를 들어

"새 가족 교육 안내와 행사 초대 브리핑"

"프로젝트 보고서 핵심 아웃라인 영상"

"구역 워크숍 및 리더 교육 핵심 Q&A, 적용 포인트 안내"

짧은 영상 시안으로 사역 소통이 명확하고 설득력 있게 바뀝니다.

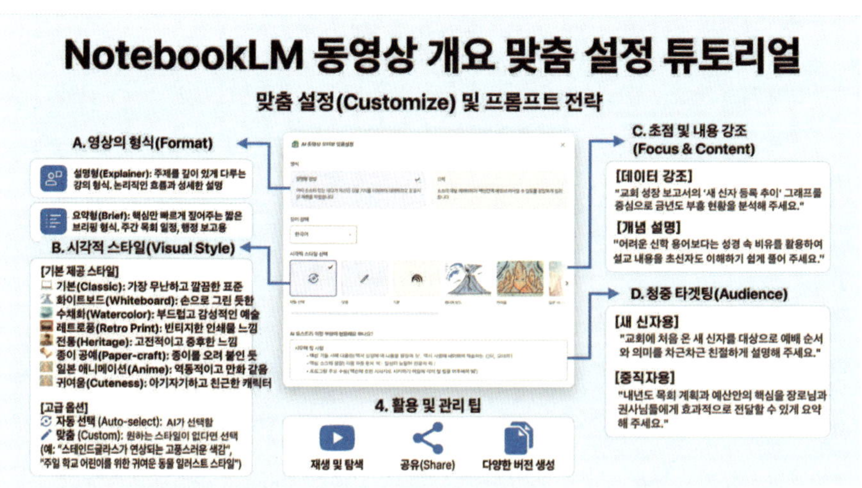

3) 교육 콘텐츠 초안 자동화

교회 학교 교사 매뉴얼, 팀 리더 실습 워크북, 소그룹 자료 등 복잡한 내용도 5분 내외의 교육 동영상 초안으로 자동화할 수 있습니다. 복잡한 매뉴얼이나 본문 아래에 숨어 있는 적용점, 현장 실전 Q&A, 다양한 교육 스타일을 여러 가지 영상 시안으로 만들면 아래와 같은 일이 가능해집니다.

- 교사, 학생, 리더 모두 각자 필요한 부분을 빠르게 학습
- 반복 교육, 예습/복습, 현장 페이스에 맞춤 적용
- 각 소재·주제별 영상 개요를 모아 교육 현장 DB로 구축, 장기 활용 가능

4) 실제 활용 팁과 장점

- 텍스트 자료/PPT/교육 노트/보고서 등 모든 파일을 자동 변환, 영상 초안으로 즉시 공유·피드백
- 복잡한 개념이나 프레임, 논쟁점, 교육 과정 등은 화이트보드/애니/수채화 스타일로 쉬운 이해와 기억 유지
- 사역 현장 맞춤형 전용 영상, 강조·요약·적용 등 분량별, 내용별 시나리오 자동 배치
- 반복 활용할 수 있는 영상 템플릿, 리더와 교사 교육, 성도 안내 등 협업/교육/소통의 질이 동시에 향상

영상 기획자(동영상 개요) 기능은 사역자의 아이디어와 자료, 본문 해설, 교육 기획, 브리핑·보고서 등 모든 내용을 '눈에 띄게, 귀에 들리게, 현장 적용이

바로 되게' 바꿔 주는 창조적 AI 동역자입니다.

3. 전략 분석가(마인드맵): 지식의 구조를 한눈에

복잡한 신학 개념이나 사역 계획을 시각적으로 구조화할 때 '마인드맵' 기능이 유용합니다. 업로드한 자료의 핵심 개념과 관계를 다이어그램으로 표현해 줍니다. 마인드맵은 중심 주제를 한눈에 파악할 수 있도록 함과 동시에, 클릭할수록 세부 주제 · 핵심 요소 · 하위 내용이 트리 구조로 펼쳐져, 큰 흐름부터 구체적인 세부 사항까지 순식간에 파악 · 비교 · 적용할 수 있도록 만들어 줍니다.

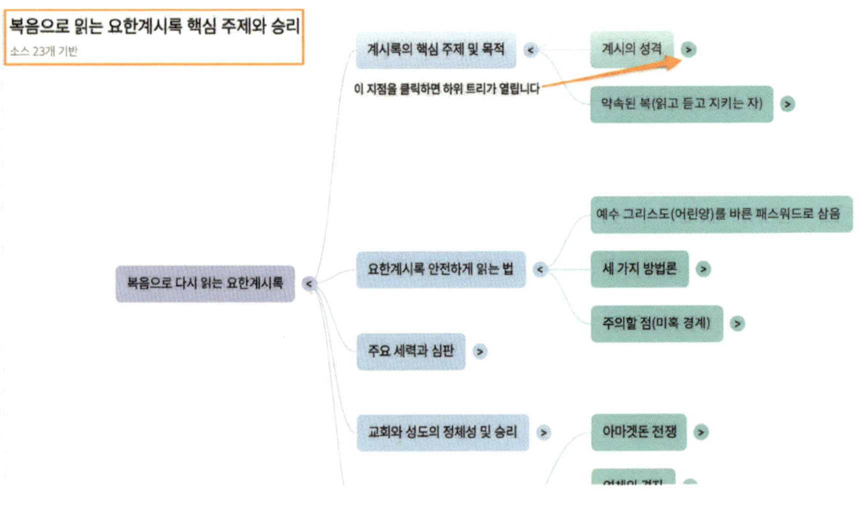

1) 실제 기능과 워크 플로

NotebookLM에 논문, 설교, 교육 자료 등 여러 파일을 업로드하면 각각의 문서 제목과 주요 주제, 키워드, 핵심 논점, 세부 항목까지 자동으로 분석되고 정리됩니다. 중심 개념을 클릭하면 하위 트리가 펼쳐지며, 마지막에 특정 항목(예를 들어 '루터의 구원론', '칼빈의 예정론' 등)을 선택하면 해당 부분의 전문, 해설, 적용 사례까지 결과 창에서 바로 확인할 수 있습니다. 덕분에 전체 구조와 세부 흐름, 분야별 비교, 논쟁점이나 차이점, 각 부분의 연계성, 상호 개념 비교까지 한눈에 파악할 수 있게 됩니다.

2) 목회 현장 활용법

목회 현장에서는 이렇게 정리된 정보를 아주 실전적으로 활용할 수 있습니다. 예를 들어 '종교 개혁 시대의 구원론'을 비교·분석하고 싶다면, 루터·칼뱅·츠빙글리의 글을 모두 업로드해 두십시오. 마인드맵은 각각의 구원론 핵심, 적용과 반론, 역사적 배경과 종교적 맥락까지 중심~하위 트리로 정리해 줍니다.

각 주장을 클릭할 때마다 교리에 대한 상세 설명, 적용, 비판, 현대적 의미까지 전문으로 열람할 수 있습니다. 그래서 복잡한 신학 논점을 전체 그림과 세부 디테일로 동시에 파악할 수 있고, 교육이나 토론, 설교, 연구에도 바로 활용할 수 있습니다.

3) 설교 시리즈 구조 설계

설교 시리즈를 설계할 때도 큰 도움이 됩니다. 주제별 메시지와 본문, 예화, 적용 포인트 등 관련 자료를 한 번에 넣으면, 각 소주제가 어떻게 유기적으로 연결되어야 하는지를 마인드맵 전체 구조를 한눈에 보면서 쉽게 설계할 수 있습니다. 설교 흐름, 핵심 메시지, 비교와 적용 대상, 피드백 등을 효과적으로 설계할 수 있고, 지도형 구조라서 설교 초안부터 완성본, 실제 적용까지 전체적인 흐름을 빠르게 이해하고, 팀원이나 교사, 리더와 효율적으로 협업할 수 있습니다.

4) 교회 사역 · 행정 전략 구상

교회 사역과 행정 전략을 구상할 때도 유용하게 쓰입니다. 행사와 프로젝트, 교육 프로그램, 예산 분배 등 여러 행정 자료를 구조화해 마인드맵으로 만들면, 전체 연관 관계와 각 팀 역할, 단계별 흐름과 핵심 포인트, 실전 Q&A와 체크 리스트까지 보고, 계획, 실행, 리뷰, 성과 분석 등 모든 과정을 쉽게 잡아 낼 수 있습니다. 모든 팀원들이 빠르게 이해하고 협력할 수 있는 구조가 됩니다.

5) 활용 팁과 장점

방대한 논문이나 연구 자료, 설교, 행정 문서도 마인드맵으로 자동 분류하면 중심~하위 구조로 세부 항목을 일목요연하게 볼 수 있습니다. 그리고 즉시 비슷한, 상반된, 연결된 주제나 관점, 적용점, 질문을 쉽게 비교·확장하는 것도 가능합니다. 클릭형 트리 구조 덕분에 원하는 정보만 빠르게 확인할 수 있고, 교육이나 토론, 팀 협업 상황에서 반복해 활용하기에도 좋습니다.

복잡한 교회 전략이나 프로젝트, 사역 분장도 마인드맵을 통해 전체 흐름과 실무를 바로 연결하며, 중요한 내용은 전문 보기, 실전 적용, 자료 공유 등 다양한 방식으로 확장할 수 있습니다.

4. 행정 비서실(보고서·퀴즈): 목적에 맞는 문서 자동 생성

1) 보고서 생성

선교 팀의 메모, 사진 설명, 일정표 등을 업로드하고 '보고서 생성'을 클릭하면 정식 보고서 양식(개요, 활동 내역, 성과, 재정, 향후 계획)으로 자동 변환됩니다. 목사님은 초안을 검토하고 다듬어 당회에 제출하거나 홈페이지에 게시할 수 있습니다.

2) 퀴즈 생성

성경 공부 자료를 기반으로 학습 퀴즈를 만들어 줍니다. 단순 암기가 아닌 이해도를 측정하는 10~15개의 문제를 생성하여 소그룹 모임의 아이스 브레이킹이나 복습용으로 활용할 수 있습니다.

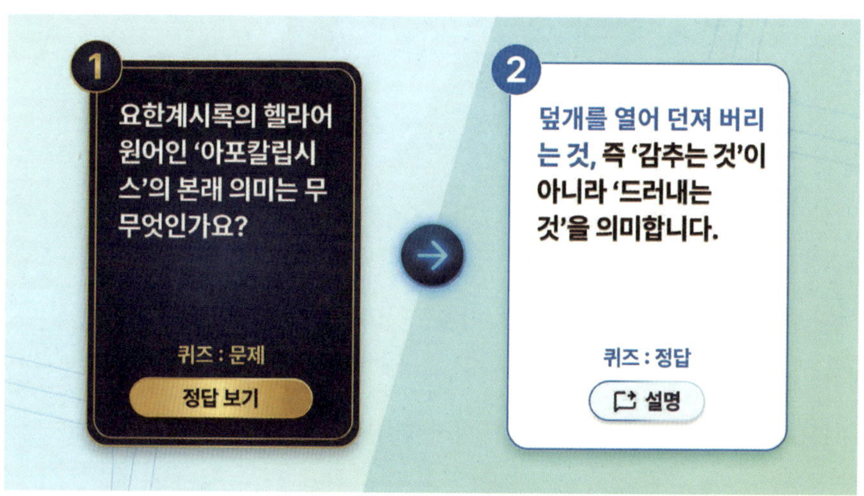

5. 요약의 달인(인포그래픽): 한 장의 청사진

NotebookLM은 나노바나나프로를 활용한 인포그래픽 생성 기능을 추가하여 복잡한 정보를 클릭 몇 번으로 깔끔한 시각적 요약으로 변환할 수 있게 되었습니다. 이 기능은 긴 문서나 연구 자료를 타임라인, 플로 차트, 비교 차트, 마인드맵 등 다양한 형태의 비주얼로 자동 변환해 줍니다.

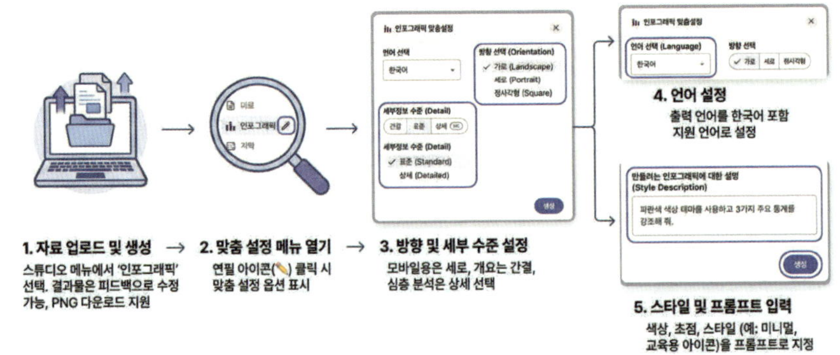

1) 시각적 요약의 힘

방대한 분량의 자료를 한 장의 이미지로 압축하는 '인포그래픽' 기능은 긴 글보다 시각 자료를 선호하는 현대 성도들에게 효과적입니다. 복잡한 정보를 그림, 도표, 아이콘으로 변환하여 직관적인 이해를 돕습니다.

2) 사용 방법

- 자료를 업로드하고 스튜디오 메뉴에서 '인포그래픽'을 선택하여 생성합니다. 생성된 결과물은 색상이나 강조점을 피드백하여 수정할 수 있으며, PNG 파일로 다운로드 가능합니다.

- 인포그래픽 메뉴에 연필 아이콘(✏)이 표시되는데, 이것이 맞춤 설정 메뉴입니다. 이 연필 아이콘을 클릭하면 여러 옵션이 나타납니다.

- 방향(Orientation): 정사각형(Square), 세로(Portrait), 가로(Landscape) 중 선택합니다. 세로 모드는 모바일용 인포그래픽에 특히 효과적입니다.

- 세부 수준(Detail): 간결(Concise), 표준(Standard), 상세(Detailed) 중 선택할 수 있습니다. 간단한 개요가 필요하면 간결, 심층 분석이 필요하면 상세를 선택합니다.

- 언어(Language): 출력 언어를 한국어를 포함한 지원 언어로 설정할 수 있습니다.

- 스타일 설명(Style Description): 프롬프트를 입력하여 색상, 초점, 스타일을 지정합니다. 예를 들어 "파란색 테마를 사용하고 핵심 통계 3개를 강조해 줘" 또는 "미니멀한 플랫 UI 스타일", "교육용 귀여운 아이콘", "고대비 다이어그램 스타일" 등을 입력할 수 있습니다.

3) 목회 현장 활용 시나리오

- 연간 사역 계획 포스터: 20페이지 분량의 계획서를 비전, 핵심 사역, 타임라인이 담긴 한 장의 포스터로 만들어 주보나 현수막에

활용합니다.

- 성경 본문 구조 정리: 로마서 8장과 같은 긴 본문의 구조와 핵심 주제를 시각적으로 정리하여 설교 슬라이드에 사용합니다.
- 교회 역사 타임라인: 창립 기념일을 맞아 교회의 주요 사건을 연도별 아이콘과 함께 타임라인으로 정리합니다.
- 선교 보고서 시각화: 텍스트 보고서 대신 참여 인원, 활동 내역, 결신자 수 등을 시각화하여 성도들에게 감동을 전합니다.
- 새 가족 교리 정리: 삼위일체, 구원 등 핵심 교리를 이해하기 쉬운 그림으로 정리해 배포합니다.

4) 제작 팁

모든 정보를 담기보다 '가장 중요한 것'에 집중하고, 색상은 3가지 이내로 제한하며, 폰트는 크고 굵게 사용하여 가독성을 높입니다. 구체적인 숫자를 활용하면 임팩트가 커집니다.

6. 프레젠테이션(슬라이드 생성): 텍스트에 생명을 불어넣다

2025년 11월부터 NotebookLM에 추가된 슬라이드 덱(Slide Deck) 생성 기능은 PDF, 구글 문서, 웹 사이트, 심지어 유튜브 영상까지도 전문적인 프레젠테이션으로 자동 변환해 줍니다. 나노바나나프로 모델을 활용한 이 기능은 몇 시간이 걸리던 슬라이드 제작 작업을 몇 분으로 단축시킵니다.

1) 설교와 강의를 돕는 도구

설교 준비 후 슬라이드 제작에 드는 시간을 획기적으로 줄여 줍니다. '슬라이드 자료' 기능은 원고를 분석하여 내용 구조화, 핵심 추출, 이미지 제안, 디자인 적용까지 자동으로 수행합니다.

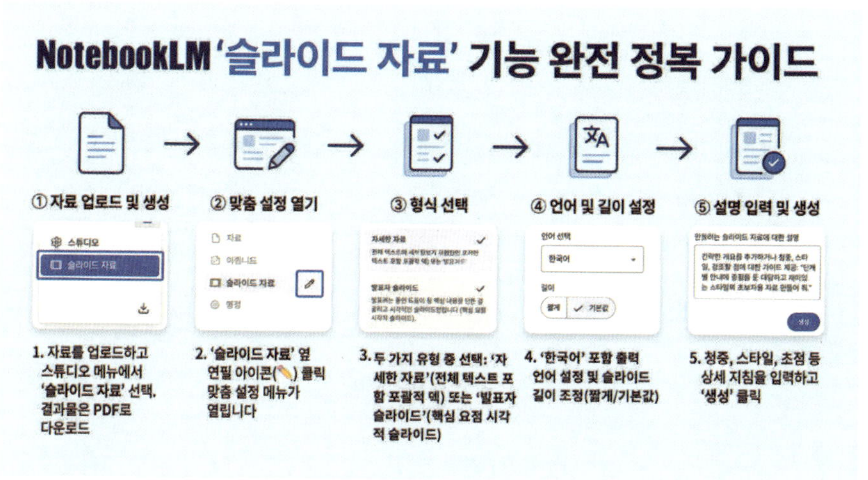

2) 사용 방법

- 자료를 업로드하고 스튜디오 메뉴에서 '슬라이드 자료'를 선택하여 생성합니다. 생성된 결과물은 PDF 파일로 다운로드 가능합니다.
- 슬라이드 자료 메뉴에 연필 아이콘()이 표시되는데, 이것이 맞춤 설정 메뉴입니다. 이 연필 아이콘을 클릭하면 여러 옵션이 나타납니다.
- 형식: 두 가지 유형 중 선택합니다.
  - 자세한 자료: 전체 텍스트와 세부 정보가 포함된 포괄적인 덱으

로, 이메일로 보내거나 독립적으로 읽기에 완벽합니다.

   – 발표자 슬라이드: 핵심 요점만 담은 깔끔하고 시각적인 슬라이드로, 실제 발표 시 보조 자료로 사용하기 좋습니다.

- 언어(Language): 출력 언어를 한국어를 포함한 지원 언어로 설정할 수 있습니다.
- 만들려는 슬라이드 자료에 대한 설명: 생성하고 싶은 슬라이드 자료를 설명하는 지침을 입력합니다. 고급 개요를 추가하거나 청중, 스타일, 초점을 안내할 수 있습니다. 예를 들어 "초보자를 위한 자료를 대담하고 재미있는 스타일로 만들되, 단계별 지침에 집중해 줘" 또는 "청년부 대상으로 현대적이고 미니멀한 디자인으로 만들어 줘"와 같이 입력합니다.

3) 목회 현장 활용 시나리오

- 주일 설교: 표지, 도입, 본론, 적용, 결론으로 구성된 슬라이드를 자동 생성하여 설교 시 활용합니다.
- 새 가족반 교재: 기독교 기본 교리를 단계별 슬라이드로 만들어 강의에 사용합니다.
- 당회 보고: 선교 보고서나 재정 보고를 시각적인 슬라이드로 변환하여 보고의 효율을 높입니다.
- 소그룹 성경 공부: 본문과 질문을 슬라이드로 띄워 체계적인 나눔을 진행합니다.

4) 제작 팁

한 슬라이드에는 하나의 핵심 메시지만 담고, 글씨는 뒷자리에서도 보일 만큼 크게 설정합니다.

7. 데이터 표: 비정형 데이터의 질서 있는 변환

1) 흩어진 정보를 하나의 표로

이메일, 보고서, 메시지 등 여기저기 흩어진 비정형 데이터를 분석하여 구조화된 표로 변환해 주는 기능입니다.

2) 활용 예시

- 부서 실적 통합: 각 부서의 보고서를 취합하여 출석 인원, 예산, 주요 행사를 비교하는 표를 만듭니다.
- 심방 기록 정리: 메모에 적힌 심방 기록을 날짜, 이름, 기도 제목, 예정일로 정리하여 목양에 활용합니다.
- 새 가족 데이터베이스: 다양한 경로로 수집된 새가족 정보를 통합하여 관리 대장을 만듭니다.
- 연간 행사 및 재정 보고: 과거 행사 기록이나 재정 보고서를 분석하여 추세를 파악할 수 있는 표로 정리합니다.

3) 활용 팁

문서 간 용어를 통일하고, 생성된 표의 누락 정보를 확인하여 보완합니다. 정기적으로 데이터를 업데이트하여 최신 상태를 유지하는 것이 좋습니다.

8. FAQ 및 학습 가이드 활용법

1) FAQ 생성

교회 안내 자료나 새 가족 교재를 업로드하면 자주 묻는 질문(세례, 십일조, 소그룹 등)과 답변을 추출하여 FAQ 리스트를 만들어 줍니다. 이를 홈페이지나 안내 책자에 활용하면 새 가족의 궁금증을 효과적으로 해소할 수 있습니다.

2) 학습 가이드

제자 훈련이나 세례 교육 자료를 업로드하여 학습 목표, 핵심 개념, 학습 순서, 심화 자료, 점검 질문이 포함된 가이드를 생성합니다. 수강생들이 자기 주도적으로 학습할 수 있도록 돕는 훌륭한 도구가 됩니다.

NotebookLM은 단순한 문서 저장 도구가 아닙니다. 목사님이 평생 쌓아 온 지식과 경험을 '살아 있는 자산'으로 만들어 주는 마법의 연구실입니다. 잠들어 있던 설교는 팟캐스트가 되고, 복잡한 신학은 마인드맵으로 명쾌해지며, 흩어진 행정 자료는 체계적인 보고서가 됩니다. 이제 정보의 바다에서 허우적거리지 마십시오. NotebookLM이라는 든든한 연구 조교와 함께 목사님만의 방법론으로 하나님의 말씀을 더 깊이 연구하고 전파하시길 바랍니다.

제5부

사역 현장별 AI 활용 실전 시나리오

제15장
설교 준비(리서치에서 전달까지)

신학교 시절 도서관에서의 밤을 기억하십니까? 한 구절의 의미를 파헤치기 위해 원어 사전을 뒤적이고, 수십 권의 주석서를 쌓아 놓고, 교회사 서적을 탐독하며 진리와 씨름하던 그 치열했던 시간들 말입니다. 그 '거룩한 노동'이 있었기에 오늘 우리가 강단에서 흘리는 땀방울이 의미가 있을 것입니다.

하지만 현실의 목회 현장은 녹록지 않습니다. 설교 준비만으로도 일주일이 빠듯한데, 심방과 행정, 회의와 상담이 쉴 새 없이 몰아칩니다. 마음 같아서는 이번 주 본문인 '에베소서'의 배경이 되는 소아시아 지역의 1세기 경제 상황을 깊이 있게 연구해 보고 싶지만, 현실은 얇은 묵상집이나 예화집을 뒤적이며 '시간이 조금만 더 있었더라면…' 하고 한숨을 내쉬게 됩니다.

우리는 '공부하는 목사'가 되고 싶습니다. 얕은 지식이 아니라 깊은 우물에서 길어 올린 생수 같은 말씀을 전하고 싶습니다. 바로 이 지점에서 구글 Gemini(Google Gemini)의 가장 강력한 무기, '딥 리서치(Deep Research)' 기능이 목사님의 든든한 서재가 되어 줄 것입니다. 이 장에서는 단순히 검색창에 단

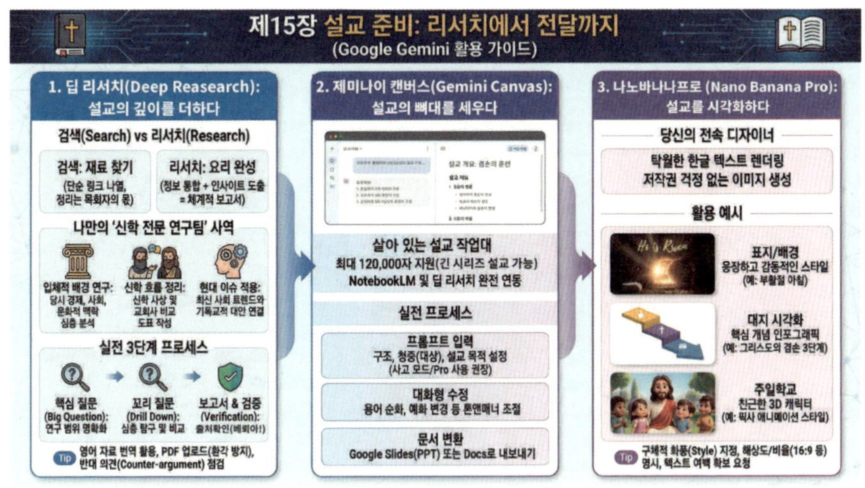

어를 넣고 결과를 얻는 차원을 넘어, 방대한 신학 자료와 역사적 사실, 그리고 최신 사회 트렌드를 AI를 통해 통합하고 분석하여, 마치 '전문 연구원'이 작성한 것 같은 한 권의 보고서를 만들어 내는 비결을 나누고자 합니다.

1. 딥 리서치(Deep Research): 설교의 깊이를 더하다

1) 검색(Search)과 리서치(Research)의 차이

많은 목사님이 AI를 처음 접하고 실망하는 이유 중 하나는 AI를 그저 '조금 더 똑똑한 네이버' 정도로 생각하기 때문입니다.

- 검색(Search): 재료를 찾는 과정입니다. "바울의 1차 전도 여행 경로"라고 입력하면 지도나 블로그 글이 나옵니다. 목사님은 그 링크들을 하나하나 클릭해서 읽고, 필요한 내용을 메모장에 옮겨 적

고, 다시 정리해야 합니다. 여전히 '요리'는 목사님의 몫입니다.

- 리서치(Research): 요리를 완성하는 과정입니다. "바울의 1차 전도 여행이 당시 로마 제국의 도로망(Pax Romana)과 헬라어 통용이라는 문화적 배경 속에서 어떻게 전략적으로 이루어졌는지, 그리고 이것이 오늘날 다문화 선교에 주는 시사점이 무엇인지 A4 5장 분량으로 분석해 줘."

차이가 느껴지시나요? 전자가 단순한 정보의 나열이라면, 후자는 정보를 엮어서 '인사이트(통찰)'를 도출하는 과정입니다. Gemini는 방대한 웹상의 정보와 학습된 신학 데이터를 바탕으로, 목사님이 며칠 걸려 정리할 내용을 단 몇 분 만에 체계적인 보고서 형태로 만들어 냅니다. 이것이 바로 '딥 리서치'의 힘입니다.

2) 나만의 '신학 전문 연구 팀' 꾸리기

대형 교회 목사님들 곁에는 설교 준비를 돕는 전담 부교역자 팀이 있기도 합니다. 하지만 대부분의 목사님은 '1인 다역'을 해야 합니다. 이제 Gemini를 목사님의 '전담 신학 연구팀'으로 임명하십시오. 딥 리서치 기능을 활용하면 다음과 같은 사역이 가능해집니다.

① 강해 설교를 위한 입체적 배경 연구

설교의 깊이는 텍스트(성경)와 콘텍스트(배경)가 만날 때 생겨납니다. 예를 들어 '고린도전서의 우상 제물 문제'를 다룬다고 가정해 봅시다. 기존 방식으로는 주석 몇 권을 찾아보고 "당시 고린도에는 우상이 많았다" 정도로 요약합니다. 하지만 딥 리서치를 활용하면 다음과 같이 요청할 수 있습니다.

이렇게 주문하면 Gemini는 고고학적 자료와 역사적 사료를 검색하여, 고린도 시장(Agora)의 구조와 길드(Guild) 모임의 성격을 입체적으로 복원해 줍니다. 목사님은 이를 통해 "성도 여러분, 당시 고린도 교인들에게 제사 음식을 거부한다는 것은, 단순히 고기를 안 먹는 게 아니라 거래처가 끊기고 따돌림을 당하는 생존의 위협이었습니다"라고 생생하게 선포할 수 있게 됩니다.

② 교회사와 신학 사상의 흐름 정리

어려운 신학적 난제나 이단 문제에 대해 성도들이 물어올 때, 혹은 설교 중에 '예정론'이나 '성화' 같은 개념을 쉽게 설명해야 할 때가 있습니다.

| 프롬프트 예시 |

Gemini는 방대한 신학 데이터를 순식간에 분류하여 비교표를 제시합니다. 목사님은 이 뼈대에 살을 붙여 성도들에게 명쾌하게 가르칠 수 있습니다.

③ 현대 사회 이슈와 기독교적 대안 모색

동성애, 저출산, AI 윤리, 기후 위기 등 강단에서 다뤄야 할 주제는 점점 복잡해지는데, 목사님이 모든 분야를 깊이 알기는 어렵습니다. 이때 딥 리서치가 빛을 발합니다.

| 프롬프트 예시 |

"최근 대한민국 2030 세대가 겪고 있는 '도파민 중독'과 '정서적 고립' 현상에 대한 최신 정신 의학적, 사회학적 통계를 찾아 줘. 그리고 이러한 현상에 대해 기독교 영성(침묵, 고독, 공동체)이 어떤 치유적 대안을 제시할 수 있는지, 헨리 나우웬이나 리처드 포스터의 관점을 빌려 설교학적 적용점을 제안해 줘."

3) 실전: 딥 리서치 3단계 프로세스

① 1단계: 핵심 질문 던지기(The Big Question)

연구의 목적과 범위를 명확히 합니다.

"나는 이번 주일 설교를 위해 '욥기'에 나타난 고난의 의미를 연구하고 싶어. 특히 '인과응보' 사상에 대한 비판적 관점에서 자료를 찾아 줘."

② 2단계: 꼬리에 꼬리를 무는 질문(Drill Down)

AI가 첫 번째 답변을 내놓으면, 거기서 만족하지 말고 파고들어야 합니다.

"네가 정리해 준 내용 중 엘리바스의 주장이 흥미롭네. 그렇다면 고대 근동의 지혜 문학(이집트나 메소포타미아)에서 인과응보 사상이 어떻게 나타났는지 욥기와 비교해 줄 수 있어?"

③ 3단계: 보고서 생성 및 출처 확인(Synthesis & Verification)

충분한 대화가 오갔다면, 이제 흩어진 정보를 꿰어야 할 때입니다.

"지금까지 우리가 나눈 대화 내용과 리서치한 자료를 바탕으로, '고난의 신비와 성도의 자세'라는 제목의 A4 3페이지 분량의 신학 보고서를 작성해 줘. 서론-본론(3대지)-결론으로 구성하고, 각 주장의 근거가 되는 성경 구절과 참고문헌(출처)을 각주로 달아 줘."

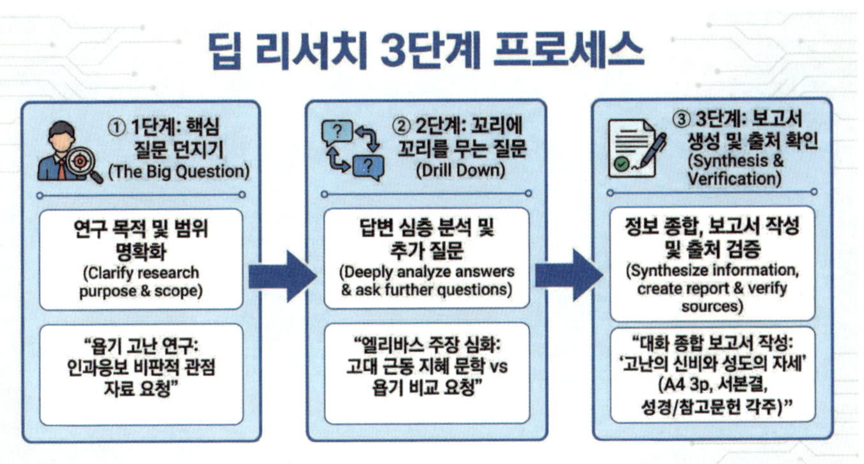

여기서 가장 중요한 것은 '출처 확인'입니다. Gemini Pro 모델은 답변 하단에 정보의 출처를 표시해 줍니다. 목사님은 반드시 이 링크를 클릭하여 정보의 신뢰성을 '베뢰아 사람(행 17:11)'처럼 검증해야 합니다.

4) 딥 리서치 활용 꿀팁

영어 자료(English Source) 활용: "이 주제에 대해 영어로 된 신학 저널과 아티클을 검색해서, 그 핵심 내용을 한글로 요약 번역해 줘"라고 명령하면 언어의 장벽 없이 최신 자료를 얻을 수 있습니다.

- PDF 파일 업로드(Grounding): 소장하고 있는 논문이나 주석 자료를 업로드한 후, "웹 검색하지 말고, 내가 업로드한 이 파일 내용 내에서만 요약해 줘"라고 하면 환각(Hallucination)을 차단하고 정확한 연구를 수행할 수 있습니다.
- 반대 의견(Counter-argument) 점검: "나의 설교 논지에 대해 반박할 수 있는 신학적 반론이나 성도들이 느낄 수 있는 의문점 3가지를 지적해 줘"라고 요청하여 설교의 논리를 단단하게 만드십시오.

2. Gemini 캔버스(Gemini Canvas): 설교의 뼈대를 세우다

1) Gemini 캔버스, 살아 있는 설교 작업대

딥 리서치로 재료를 모았다면, 이제 구조를 세울 차례입니다. Gemini 캔버스는 'AI와 함께 문서를 만들어 가는 전용 작업실'입니다. 일반 대화 창과 달리 최대 120,000자까지 작성할 수 있어 긴 설교문이나 시리즈 설교 전체를 다룰 수 있으며, 실시간 협업이 가능합니다. 특히 현재, NotebookLM 및 딥리서치와 완전히 통합되어 목사님의 개인 자료를 참고한 맞춤형 설교 구조를 제안합니다.

2) 실전: 빌립보서 2장 설교 구조 세우기

① 1단계: 캔버스 열기 및 프롬프트 입력

Gemini 화면 하단에서 '사고 모드' 또는 'Pro 모드'를 선택하고 다음과 같이 입력합니다.

| 프롬프트 |

"당신은 설교 구조 전문가입니다. 빌립보서 2:5–11을 3포인트 설교로 구성하려고 합니다. 본문의 흐름을 따라가면서 논리적으로 연결되는 3가지 대지를 제안해 주시고, 각 대지마다 어떤 내용을 다루면 좋을지 개요를 작성해 주세요. 전체 설교 시간이 40분이 되도록 각 포인트를 균형 있게 배분해 주세요.

| 배경 정보 |

대상: 장년부(40–60대), 목적: 겸손의 본질 이해 및 갈등 해결 적용, 강조점: 그리스도의 겸손은 복음의 핵심."

② 2단계: 실시간 대화형 수정

AI가 제시한 개요를 보며 대화 창을 통해 수정합니다.

③ 3단계: 구글 슬라이드 및 문서 변환

설교 개요가 완성되면 '슬라이드로 보내기' 버튼을 클릭하여 PPT 초안을 자동 생성하거나 'Docs로 보내기'를 통해 최종 설교문을 작성합니다.

3) 캔버스 활용 꿀팁

NotebookLM 연동: "@NotebookLM [자료명]을 참고해서 작성해 줘"라고 요청하면 목사님만의 고유한 스타일과 교회 상황을 반영한 문서를 작성합니다.

- 모드 확인: 반드시 '사고 모드' 또는 'Pro 모드'를 사용해야 최고 성능을 발휘합니다.
- 섹션 분할: 긴 문서는 섹션별로 나누어 작업하는 것이 효율적입니다.

3. 나노바나나프로(Nano Banana Pro): 설교를 시각화하다

1) 나노바나나프로, 당신의 전속 디자이너

나노바나나프로(Gemini 3 Pro Image)는 텍스트로 설명하면 AI가 이미지를 창조해 내는 도구입니다. 2025년 11월 업데이트 이후 한글 텍스트 렌더링 능력이 비약적으로 향상되어, 이미지 내에 한글 문구를 자연스럽게 넣을 수 있습니다. 또한 생성된 이미지는 저작권 걱정 없이 주보, 포스터, 유튜브 썸네일 등에 자유롭게 사용할 수 있습니다.

2) 실전: 설교 슬라이드 및 이미지 제작

① 표지 슬라이드 배경 이미지

| 프롬프트 |

"부활절 예배 포스터에 쓸 이미지를 그려 줘. 차가운 돌무덤이 열려 있고, 그 사이로 찬란하고 눈부신 황금빛 새벽빛이 쏟아져 나오는 장면이야. 영화의 한 장면처럼 장엄하고 웅장한 스타일로, 'He is Risen'이라는 문구를 넣을 수 있도록 중앙 상단에 여백을 좀 줘. 2K 해상도, 가로세로 비율 16:9로 그려 줘."

② 설교 대지 시각화(인포그래픽)

| 프롬프트 |

"그리스도의 세 단계 하강을 시각화한 인포그래픽을 만들어줘. 1단계: 하늘 위의 황금 왕좌 → 땅 위의 초라한 마구간, 2단계: 영광의 빛 → 십자가의 그림자, 3단계: 높은 곳 → 무덤 속 어둠. 각 단계를 화살표로 연결하고, '하나님의 본체에서 종의 형체로' 같은 간결한 한글 설명을 넣어 줘."

③ 주일 학교용 캐릭터 이미지

"빌립보서 2장의 '그리스도의 겸손'을 어린이들이 이해할 수 있도록, 귀여운 3D 애니메이션 캐릭터로 그려 줘. 픽사 애니메이션 느낌으로, 따뜻하고 부드러운 색감으로. 각 이미지 하단에 '1. 왕이셨던 예수님', '2. 종이 되신 예수님'이라는 한글 캡션을 넣어 줘."

3) 나노바나나프로 활용 꿀팁

구체적 스타일 지정: "고흐의 유화 스타일", "픽사 애니메이션 느낌", "내셔널 지오그래픽 사진 스타일" 등 구체적인 화풍을 지정하십시오.

- 해상도와 비율: "2K 해상도, 16:9 비율"과 같이 용도에 맞는 규격을 명시하십시오.
- 여백 요청: 텍스트를 넣을 공간을 미리 확보해 달라고 요청하십시오.

제16장
행정 업무(문서에서 전략까지)

매주 반복되는 주보 제작과 각종 보고서 작성에 얼마나 많은 시간을 쏟고 계십니까? 설교 준비로도 벅찬 일주일인데, 당회 보고서, 행사 기획안, 예산 계획서까지 작성해야 하는 현실은 목회자의 어깨를 무겁게 합니다. 캔버스(Canvas)는 이러한 반복적인 행정 업무 시간을 획기적으로 줄여 줍니다.

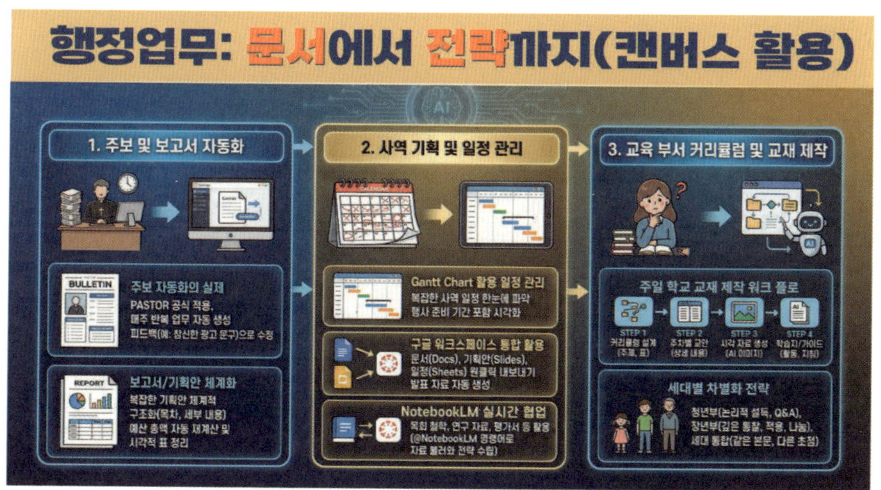

1. 주보 및 보고서 자동화

1) 주보 자동화의 실제

주보 제작은 매주 반복되는 대표적인 행정 업무입니다. 캔버스에 PASTOR 공식을 적용하여 다음과 같이 요청해 보세요.

> "당신은 교회 주보 편집자입니다. 이번 주일(날짜)의 주보를 작성해 주세요. 설교 제목은 [제목], 본문은 [본문]입니다. 예배 순서, 광고 사항([행사명 나열]), 주간 일정을 포함하여 따뜻하고 격려하는 톤으로 작성해 주세요."

기본 틀이 만들어지면 "광고 문구를 더 참신하게 바꿔 줘", "새 가족 환영 인사를 추가해 줘"와 같은 피드백으로 내용을 다듬을 수 있습니다.

2) 보고서와 기획안의 체계화

캔버스는 복잡한 기획안을 체계적으로 구조화하는 데 탁월합니다. "2026년 상반기 청년부 사역 계획서를 작성해 줘. 목표, 세부 프로그램, 예산, 팀 구성, 기대 효과를 포함해서"라고 요청하면 목차부터 세부 내용까지 논리적으로 정리된 기획안을 만들어 냅니다. 특히 예산 관련 문서는 항목별 비율을 조정하면 총액이 자동 재계산되며, 시각적인 표로 정리해 줍니다.

2. 사역 기획 및 일정 관리

1) 갠트 차트(Gantt Chart)를 활용한 일정 관리

목회 사역은 여러 프로젝트가 동시다발적으로 진행됩니다. 복잡한 일정을 한눈에 파악하기 위해 갠트 차트를 활용해 보십시오. Canvas 기능을 활용하여 다음 내용을 입력합니다.

- 프롬프트: "2026년 상반기(1-6월) 교회 주요 행사 일정을 Gantt Chart로 만들어 줘.
- 포함할 행사: 신년 기도회(1월), 사순절 특별 새벽(3월), 부활절 예배(4월), 어린이날 행사(5월), 청년부 수련회(6월). 각 행사의 준비 기간도 포함해서 시각화해 줘."

2) 구글 워크스페이스(Google Workspace) 통합 활용

캔버스에서 작성한 문서를 구글 Docs로, 기획안을 구글 슬라이드(Slides)로, 일정표를 구글 시트(Sheets)로 한 번의 클릭으로 내보낼 수 있습니다. 당회나 제직회 발표 자료가 필요하다면 "이 기획안을 바탕으로 발표용 슬라이드 만들어 줘"라고 입력하십시오. 테마, 레이아웃, 이미지까지 포함된 프레젠테이션이 자동 생성됩니다.

3) NotebookLM과의 실시간 협업

NotebookLM에 쌓아 온 목회 철학 메모, 주석 연구 자료, 상담 일지, 작년 사역 평가서 등을 활용할 수 있습니다.

> "@NotebookLM [작년도 사역 평가] 자료를 불러와서, 그때 부족했던 '청년부 소통' 부분을 보완한 내년 상반기 심방 전략을 짜 줘."

3. 교육 부서 커리큘럼 및 교재 제작

1) 주일 학교 교재 제작 워크 플로

Gemini와 캔버스를 활용하면 한 학기 분량의 교재를 효율적으로 완성할 수 있습니다.

- STEP 1 커리큘럼 설계: "2026년 상반기 유치부 커리큘럼을 설계해 줘. 주제는 '하나님의 창조'이며, 5-7세 아동 수준에 맞춰 13주 차 표로 정리해 줘."

- STEP 2 주 차별 교안 작성: "1주 차 '빛의 창조' 수업을 위한 상세 교안(도입, 이야기, 활동, 암송, 기도)을 작성해 줘."
- STEP 3 시각 자료 생성: 나노바나나프로를 활용하여 "창세기 1장 빛의 창조 장면을 5-7세 어린이가 좋아할 밝은 일러스트로 그려 줘"라고 요청합니다.
- STEP 4 학습지 및 가이드: "색칠하기, 글자 쓰기가 포함된 A4 1장 분량의 학습지와 신규 교사를 위한 가이드를 작성해 줘."

2) 세대별 차별화 전략

같은 본문이라도 세대별 특성에 맞춰 접근해야 합니다.

- 청년부: "십일조 주제를 20대 청년들에게 가르칠 교재를 만들어 줘. '왜 해야 하는지'를 논리적으로 설득하고, Q&A 형식을 포함해 줘."
- 장년부: "로마서 8장을 6주 과정으로 가르칠 교재를 만들어 줘. 깊이 있는 통찰과 삶의 적용, 소그룹 나눔 질문을 포함해 줘."
- 세대 통합: "부활절 특별 성경 공부 자료를 만들되, 본문은 같지만 유초등부, 청년부, 장년부의 초점을 달리하여 세 가지 버전을 만들어 줘."

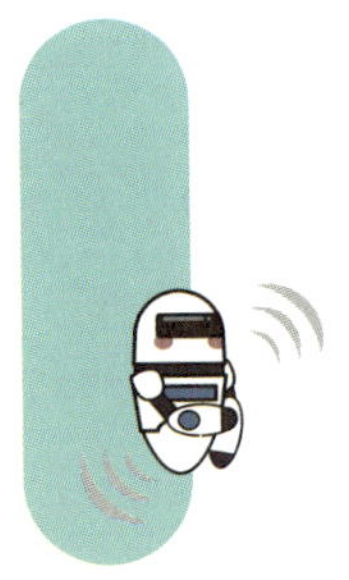

제17장
상담과 돌봄(성도와의 소통 강화하기)

전화기 너머로 들려오는 성도의 떨리는 목소리, 심방 중 쏟아지는 눈물. 목회의 본질은 한 영혼의 고통 앞에 함께 앉아 그 무게를 나누고 하나님의 위로를 전하는 것입니다. 하지만 현실적으로 심방 준비, 기록 관리, 위로 메시

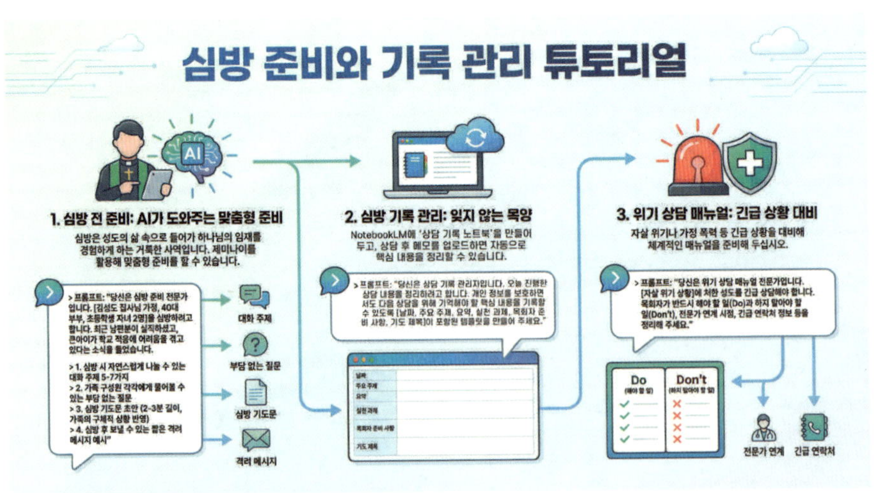

지 작성 등은 많은 에너지를 요구합니다. AI는 목회자가 더욱 깊고 온전하게 성도를 돌볼 수 있도록 '시간'과 '지혜'를 선물하는 동역자가 되어 줍니다.

1. 심방 준비와 기록 관리

1) 심방 전 준비: AI가 도와주는 맞춤형 준비

심방은 성도의 삶 속으로 들어가 하나님의 임재를 경험하게 하는 거룩한 사역입니다. Gemini를 활용해 맞춤형 준비를 할 수 있습니다.

| 프롬프트 |

"당신은 심방 준비 전문가입니다. [김성도 집사님 가정, 40대 부부, 초등학생 자녀 2명]을 심방하려고 합니다. 최근 남편분이 실직하셨고, 큰아이가 학교 적응에 어려움을 겪고 있다는 소식을 들었습니다.

- 심방 시 자연스럽게 나눌 수 있는 대화 주제 5-7가지
- 가족 구성원 각각에게 물어볼 수 있는 부담 없는 질문
- 심방 기도문 초안 (2-3분 길이, 가족의 구체적 상황 반영)
- 심방 후 보낼 수 있는 짧은 격려 메시지 예시"

2) 심방 기록 관리: 잊지 않는 목양

NotebookLM에 '상담 기록 노트북'을 만들어 두고, 상담 후 메모를 업로드하면 자동으로 핵심 내용을 정리할 수 있습니다.

"당신은 상담 기록 관리자입니다. 오늘 진행한 상담 내용을 정리하려고 합니다. 개인 정보를 보호하면서도 다음 상담을 위해 기억해야 할 핵심 내용을 기록할 수 있도록 [날짜, 주요 주제, 요약, 실천 과제, 목회자 준비 사항, 기도 제목]이 포함된 템플릿을 만들어 주세요."

3) 위기 상담 매뉴얼: 긴급 상황 대비

자살 위기나 가정 폭력 등 긴급 상황을 대비해 체계적인 매뉴얼을 준비해 두십시오.

"당신은 위기 상담 매뉴얼 전문가입니다. [자살 위기 상황]에 처한 성도를 긴급 상담해야 합니다. 목회자가 반드시 해야 할 일(Do)과 하지 말아야 할 일(Don't), 전문가 연계 시점, 긴급 연락처 정보 등을 정리해 주세요."

2. 맞춤형 위로 메시지와 카드 제작

1) 나노바나나프로로 감동을 더하는 비주얼 메시지

심방 후 성도님께 보내는 위로 메시지에 맞춤형 이미지를 곁들이면 마음이 더 따뜻하게 전달됩니다.

"고난 중에 있는 성도에게 위로를 줄 수 있는, 폭풍우가 지나간 뒤의 평화로운 바다 풍경을 그려 줘. 수평선 너머로 따뜻한 햇살이 비치고, 하단에 '주님의 평강이 함께하시기를'이라는 한글 문구를 부드러운 서체로 넣어 줘."

2) Gemini로 마음을 울리는 위로의 글

"당신은 목회 편지 작성자입니다. [병환 중인 장로님]에게 보낼 위로와 격려의 메시지를 작성해 주세요. 진부한 표현은 피하고, 고통에 공감하면서도 희망을 잃지 않도록 돕는 따뜻하고 진실한 메시지를 2-3문단으로 작성해 주세요."

3. 상담과 돌봄에서 AI가 대신할 수 없는 것

마지막으로, 우리가 반드시 기억해야 할 진리가 있습니다. AI는 완벽한 위로 메시지를 생성할 수는 있지만, 중환자실 차가운 침대 옆에서 성도의 거친 손을 맞잡고 눈물 흘릴 수는 없습니다.

목회의 본질은 '지식의 전달'이 아니라 '임재의 공유'에 있습니다. AI가 1,000가지의 위로 메시지를 생성하는 동안, 목회자는 단 한마디의 말 없이도, 성도와 함께 앉아 있는 것만으로도 하나님의 현존을 매개합니다.

병실에서, 상담실에서, 심방의 자리에서, 목회자가 전하는 것은 단순한 정보가 아닙니다. 그것은 '나는 당신과 함께 있습니다'라는 인격적 현존의 메시지입니다. 이 '함께함'은 어떤 알고리즘으로도 계산될 수 없고, 어떤 코드로도 프로그래밍될 수 없는 거룩한 신비입니다.

에필로그
: AI 시대, 목회자의 본질로 돌아가다

이 책의 마지막 페이지에 도달하셨습니다. 긴 여정을 함께해 주셔서 감사합니다. 처음 이 책을 펼쳤을 때와 지금, 목사님의 마음에는 어떤 변화가 있으신가요? 'AI가 이렇게까지 발전했다니, 이제 목회자는 무엇을 해야 하나?' 하는 막연한 두려움이 있으신가요? 아니면 '이제 사역이 훨씬 수월해지겠구나!' 하는 기대감으로 가슴이 뛰고 계신가요?

이 모든 감정은 자연스럽고 정당합니다. 새로운 시대의 문턱에 서 있을 때, 우리는 늘 혼란과 기대를 동시에 경험하게 됩니다. 하지만 책을 덮기 전, 제가 목사님께 꼭 전하고 싶은 핵심 메시지가 있습니다.

AI가 아무리 발전해도 목회의 본질은 결코 변하지 않습니다. 목회는 기술이 아니라 '영혼을 돌보는 일'이기 때문입니다. 상처 받은 마음을 위로하고, 방황하는 이를 인도하며, 성도들과 함께 눈물 흘리고 기쁨을 나누는 것, 이것이 목회의 핵심입니다.

AI가 수십억 개의 데이터를 분석해 최적의 답을 찾아낼지는 몰라도, 심방 현장에서 성도의 손을 잡고 함께 기도할 수는 없습니다. 새벽 기도회에서 눈물로 간구할 수도, 청년의 진로 고민을 들으며 진심으로 공감해 줄 수도 없습니다.

오히려 AI는 목사님이 이러한 '본질적인 목회'에 더 집중할 수 있도록 돕는 날개입니다. 과거에는 설교 준비를 위한 자료 조사, 행정 업무, 문서 작업에 시간을 빼앗겨 정작 성도들과 깊이 만날 시간이 부족했습니다. 이제 반복적이고 기계적인 작업을 AI에게 맡기십시오. 그리고 그 절약된 시간을 사람을 만나고, 기도하고, 말씀을 묵상하는 데 사용하십시오.

기술은 변해도 하나님의 말씀은 영원합니다

2026년 2월 현재, 우리는 Gemini 3.0 Pro, NotebookLM과 같은 도구들을 사용하고 있습니다. 하지만 기술은 계속 변합니다. 어제의 최신 기술이 오늘은 구식이 되고, 오늘의 혁신이 내일은 당연한 일상이 됩니다.

그러나 하나님의 말씀은 영원합니다. "풀은 마르고 꽃은 시드나 우리 하나님의 말씀은 영원히 서리라"(사 40:8). 이 말씀은 과거에도, 현재에도, 그리고 미래에도 변함없는 진리입니다. 그러므로 도구 자체에 집착하지 마십시오. 중요한 것은 도구를 완벽하게 마스터하는 것이 아니라 도구를 '지혜롭게 사용하는 능력'입니다. 그 지혜는 오직 말씀을 묵상하고 성령의 인도하심을 구할 때 얻어집니다.

목회자만이 할 수 있는 다섯 가지 영역

'AI가 설교를 대신 써 준다면, 목사는 무엇을 해야 하는가?'라는 질문에 대한 답은 명확합니다. 다음의 다섯 가지는 AI가 절대 대신할 수 없는 목회자의 고유한 영역입니다.

① 영적 분별력

AI가 제공한 정보의 신학적 적절성과 우리 교회 상황에 맞는 적용점은 오직 목사님만이 판단할 수 있습니다.

② 목회적 적용

같은 본문이라도 청년과 장년에게 필요한 메시지는 다릅니다. 성도들의 삶을 아는 목사님만이 시의적절한 말씀을 전할 수 있습니다.

③ 인격적 만남

설교는 단순한 정보 전달이 아닙니다. 목사님의 눈빛, 목소리, 그리고 그 이면에 담긴 기도와 눈물이 설교에 생명을 불어넣습니다.

④ 중보기도

성도들의 이름을 하나하나 부르며 간구하는 것, 교회를 위해 밤을 지새우며 기도하는 것은 목회자의 가장 귀한 사역입니다.

⑤ 사랑의 실천

병든 자를 찾아가고, 슬퍼하는 자와 함께 우는 따뜻한 관계는 기술이 아닌 사랑으로만 가능합니다.

효율성을 넘어 깊은 영성으로

이 책은 효율성을 많이 이야기했지만, 목회는 효율성만으로 측정될 수 없습니다. 때로는 한 성도와 한 시간 동안 깊이 대화하는 것, 홀로 기도실에서 하나님과 씨름하는 것과 같은 '비효율적인 시간'이 가장 영적인 순간일 수 있습니다.

AI로 절약한 시간을 단순히 더 많은 일을 하는 데 쓰지 마십시오. 대신 그 시간을 '깊이'를 위해 사용하십시오. 더 깊은 묵상, 더 간절한 기도, 더 진실한 만남을 추구하십시오. 넓게가 아니라 깊게 사역하는 것, 그것이 AI 시대 목회자의 새로운 지혜입니다.

작은 시작이 만드는 큰 변화

두려워하지 마십시오. AI는 적이 아니라 동역자입니다. 거대한 파도를 피하려 하기보다 AI라는 서핑 보드를 타고 성령의 바람을 의지해 나아가십시오.

모든 도구를 한 번에 다 배울 필요는 없습니다. 오늘은 Gemini에게 간단한 질문을 던져 보고, 내일은 NotebookLM에 설교 자료를 업로드해 보십시오. 다음 주에는 PASTOR 프롬프트로 설교 구조를 잡아 보고, 한 달 후에는 나노바나나프로로 주보 표지를 만들어 보십시오. 이렇게 작은 한 걸음씩 내딛다 보면, 어느새 AI와 자연스럽게 동역하며 사역의 기쁨을 되찾게 될 것입니다.

이 책이 목사님의 사역에 작은 도움이 되었기를 바랍니다. 하지만 진정한 능력은 이 책이 아니라 하나님으로부터 옵니다. AI도, 기술도, 방법론도 하나님의 은혜 없이는 무용지물입니다.

"보라 내가 새 일을 행하리니 이제 나타낼 것이라 너희가 그것을 알지 못하겠느냐 반드시 내가 광야에 길을 사막에 강을 내리니"(이사야 43:19)

AI라는 낯선 광야에서도 하나님은 반드시 길을 내십니다. 목사님의 사역이 더욱 풍성해지고, 하나님의 나라가 이 땅에 더욱 확장되기를 간절히 기도합니다.

부록

1. AI 어시스턴트 브라우저

'AI 브라우저'라 불리는 새로운 도구, 코멧(Comet)과 아틀라스(Atlas)는 단순한 검색창을 넘어서, 우리의 웹 탐색 자체를 완전히 새롭게 바꾸고 있습니다.

1) Comet 브라우저

예전엔 수많은 탭을 오가며 이메일을 정리하고, 숙소를 비교하고, 자료를 일일이 저장하셨을 것입니다. 그러나 코멧 브라우저를 여는 순간, 그 익숙한 수고가 더 이상 필요하지 않습니다. Perplexity AI의 기술이 사용자를 대신해 복잡한 웹의 길을 걸어갑니다. 글을 요약하고, 상품을 비교하며, 심지어 장바구니에 담는 일까지도 자동으로 처리해 줍니다. 오른쪽 사이드 바에 "이 이메일 요약해 줘" 한마디면, 모든 것이 순식간에 정리됩니다.

코멧은 800개 이상의 앱을 연결하고, 문서와 유튜브 영상을 즉시 요약하며, 탭과 일정, 메일까지 자연스럽게 관리합니다. 그러나 모든 것이 완벽하진 않습니다. 더 높은 수준의 자동화를 원한다면, 유료 구독(프로 버전)이 필요하다는 점도 기억해야 합니다.

2) ChatGPT Atlas 브라우저

한편, 아틀라스는 OpenAI가 선보인 ChatGPT 내장 브라우저입니다. 이 브라우저는 더 이상 주소 창을 요구하지 않습니다. "이 사이트에서 항공권을 비교해 줘"라고 말하면, AI가 직접 웹을 탐색하며 결과를 정리해 줍니다. 물론 아직 결제나 예약 같은 실제 실행은 제한되어 있지만, 'AI가 대신 움직이는 웹'이라는 새로운 가능성을 보여 줍니다.

웹 페이지를 읽는 동안 바로 요약을 부탁할 수도 있고, 해석이나 비교를 요청할 수도 있습니다. 사이드 바 속 조용한 비서처럼, 언제든 우리의 탐색을 돕습니다. 또 브라우저는 사용 기록과 맥락을 기억해 이전의 방문이나 대화를 이어 갑니다. 마치 한 권의 살아 있는 연구 노트를 펼치는 느낌입니다.

두 브라우저는 서로 다른 이름을 가지고 있지만, 같은 방향을 바라봅니다. AI가 단순한 '검색'을 넘어 우리의 생각과 일상을 자동화해 주는 조력자가 되는 길입니다. Comet이 Perplexity의 지성을 품고 있다면, Atlas는 ChatGPT의 세계를 품고 있습니다.

3) 로고스 바이블(Logos Bible) 사용자를 위한 특별한 팁

혹시 목회자 필독 프로그램인 '로고스 바이블'을 사용하고 계신가요? 그렇다면 AI와 함께 그 활용성을 극대화할 수 있는 아주 유용한 방법이 있습니다. 바로 코멧(Comet) 브라우저의 어시스턴트 기능을 이용하는 것입니다.

먼저, 웹 브라우저에서 로고스 바이블(app.logos.com)을 실행하고 개인 아이디로 로그인하십시오. 그런 다음 코멧 브라우저의 어시스턴트 기능을 활성화하고, 우리가 배운 프롬프트(Prompt) 앞에 다음과 같은 한 문장만 추가해 보십시오.

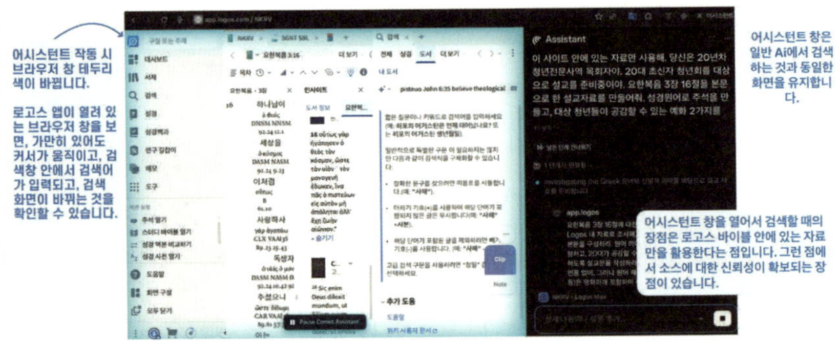

"로고스 바이블 사이트 안의 자료만 참고해서..."

"로고스 바이블 사이트 안에 있는 모든 기능을 사용해서..."

이렇게 하면, AI는 인터넷의 방대한 정보가 아닌, 오직 신뢰도 높은 로고스 바이블의 방대한 자료만을 참고하여 답변을 찾아 줍니다. 이는 로고스 프로그램 내부에서 직접 검색하는 것보다 훨씬 더 빠르고 직관적으로 원하는 깊이 있는 정보를 얻을 수 있는 강력한 활용법이 될 것입니다.

2. 목회자를 위한 AI 핵심 용어 50선

2026년 2월, 목회 현장은 인공 지능(AI) 기술의 급격한 위상 변화를 경험하고 있습니다. 2023년과 2024년이 '생성형 AI'의 충격과 실험의 시기였다면, 2026년은 '에이전트(Agentic) AI'와 '추론형(Reasoning) AI'가 실질적인 목회 행정과 목양의 도구로 정착하는 시기입니다. 텍스트를 생성하던 도구들은 이제 스스로 계획을 수립하고, 복잡한 신학적 논증을 수행하며, 물리적인 업무까지 보조하는 단계에 진입했습니다. 이 부록은 2026년 1월 현재의 기술적 지평 — OpenAI의 GPT-5, Google의 Gemini 3, 그리고 한국의 HyperCLOVA X Think 등 — 을 기준으로 목회자가 알고 있으면 좋을 'AI 핵심 용어 50선'을 정리했습니다.

1) AI 기본 개념과 원리(1-10)

① GPU(Graphics Processing Unit)

그래픽 처리 장치. 원래 게임 그래픽용이었으나 수천 개의 계산을 동시에 처리하는 능력 덕분에 방대한 데이터를 학습시키는 딥러닝 훈련에 필수적인 하드웨어가 되었습니다. 2026년 기준으로는 NVIDIA의 Blackwell 아키텍처 등 최신 칩셋이 클라우드 서버에서 GPT-5와 같은 거대 모델을 학습시키는 데 주력하고 있습니다.

② NPU(Neural Processing Unit)

신경망 처리 장치. AI의 딥러닝 연산에 특화된 반도체. GPU가 AI '훈련'에

쓰인다면, NPU는 스마트폰 등에서 AI를 '실행'하는 데 특화되어 있습니다. 더 중요한 변화는 LPU(Language Processing Unit)의 등장입니다. Groq 사 등이 주도하는 LPU는 거대 언어 모델(LLM)의 텍스트 생성 속도를 인간의 발화 속도보다 빠르게 만들어, 실시간 통역 설교나 AI 음성 상담이 지연 없이 가능하게 만들었습니다.

③ 데이터(Data)

AI를 학습시키는 모든 형태의 정보. 목회 영역에서는 성경 본문, 주석, 교리, 설교문, 교인 통계, 기도 제목 등이 AI 학습을 위한 중요한 데이터가 될 수 있습니다.

④ 딥러닝(Deep Learning)

머신러닝의 심화 기술. 인간의 뇌 구조(신경망)를 모방하여 복잡한 이미지(성경 사본), 음성(찬양), 언어(원어)를 인식하고 처리합니다.

⑤ 머신러닝(Machine Learning, ML)

AI의 한 분야로, 컴퓨터가 데이터를 학습하여 스스로 패턴을 찾고 성능을 개선하는 기술입니다. 교인들의 필요를 예측하거나 맞춤형 콘텐츠를 추천할 때 사용됩니다.

⑥ 모델(Model)

특정 작업을 수행하기 위해 방대한 데이터로 학습된 AI 시스템 자체. '설교 요약 모델', '찬송가 작곡 모델' 등 목적에 따라 다양하게 존재합니다.

⑦ 신경망(Neural Network)

딥러닝의 핵심 구조로 인간의 뇌신경 세포 연결을 수학적으로 모방한 모델. AI가 데이터를 통해 학습하고 추론하는 기본 원리입니다. 2026년에는 기존 트랜스포머 아키텍처의 한계(기억 용량 등)를 극복한 무한 문맥(Infinite Context)처리 기술이 도입되고 있습니다.

⑧ 알고리즘(Algorithm)

문제를 해결하거나 특정 작업을 수행하기 위한 단계적인 절차나 규칙. AI가 판단하고 행동하는 기준이 되며, 때로 윤리적 편향성을 가질 수 있어 성찰이 필요합니다.

⑨ 온디바이스 AI(On-Device AI)

인터넷 연결 없이 스마트폰이나 PC 등 기기 자체에서 작동하는 AI. 교인 상담 기록처럼 민감한 정보를 외부 서버 전송 없이 안전하게 처리할 수 있습니다.

⑩ 인공 지능(Artificial Intelligence, AI)

인간의 학습, 추론, 지각 능력을 컴퓨터로 모방하는 기술. 설교 준비, 행정 자동화, 교인 데이터 분석 등 목회 전반에 활용 가능성이 높습니다. 인간의 지능을 모방하는 것을 넘어 범용 인공 지능(AGI)에 근접하려는 시도가 구체화되는 단계입니다.

2) 생성형 AI와 핵심 모델(11-20)

⑪ Gemini(Gemini)

구글이 개발한 고성능 AI 모델. 3.0 Pro(고성능 추론), 3.0 Flash(빠른 속도) 등 다양한 모델이 있으며, 복잡한 신학 자료 리서치에 강점을 보입니다. 특히 '딥 리서치(Deep Research)' 기능이 탑재되어, 목회자가 "1세기 팔레스타인의 농경 문화와 예수님의 비유 사이의 연관성을 조사해 줘"라고 요청하면, 수백 개의 웹 사이트와 논문을 스스로 탐색하여 20페이지 분량의 심층 보고서를 작성해 줍니다.

⑫ GPT(Generative Pre-trained Transformer)

OpenAI가 개발한 LLM 시리즈. 챗GPT의 기반 기술로, AI 글쓰기 대중화를 이끌었으며 설교 아이디어 발상, 주보 작성 등에 널리 쓰입니다. 단순 작문을 넘어 '복잡한 추론'과 '코딩', '데이터 분석'에 강점을 보입니다.

⑬ RAG(검색 증강 생성)

AI가 답변을 생성할 때, 최신 외부 데이터베이스(예: 최신 주석서, 교단 헌법)를 실시간으로 '검색'하고 그 정보를 '참조'하여 답변하는 기술. 환각(거짓)을 크게 줄여 줍니다.

⑭ 대규모 언어 모델(Large Language Model, LLM)

방대한 텍스트 데이터를 학습한 AI 모델(예: GPT, Gemini). 인간처럼 자연스럽게 언어를 이해하고 생성하며, 요약, 번역, 작문, 대화가 가능합니다.

⑮ **멀티모달(Multimodal)**

AI가 텍스트뿐만 아니라 이미지, 음성, 영상 등 여러 유형의 정보를 동시에 이해하고 처리하는 능력. 성경 삽화를 보고 해설하거나 찬양 음원을 듣고 악보로 변환해 줍니다.

⑯ **미세 조정(Fine-tuning)**

이미 학습된 거대 모델(LLM)을 특정 교단의 신학이나 목회자의 설교 스타일에 맞게 소량의 데이터로 '재교육'하는 과정. 나만의 맞춤형 AI 비서 구현이 가능해집니다.

⑰ **생성형 AI(Generative AI, GenAI)**

데이터를 학습하여 새로운 텍스트(설교문 초안), 이미지(주보 삽화), 오디오(찬송가 편곡) 등을 '생성'해 내는 AI. 목회 콘텐츠 제작에 가장 직접적인 도움을 줍니다. 2026년에는 생성된 콘텐츠가 인터넷의 90% 이상을 차지할 정도로 폭증함에 따라 목회적 관점에서는 '생성'보다 '큐레이션(선별)'과 '진실성 검증'이 더 중요한 가치가 되었습니다.

⑱ **오픈 소스(Open Source)**

모델의 설계도(소스 코드)를 대중에게 무료로 공개하는 방식. 누구나 자유롭게 수정, 개선, 배포할 수 있어 AI 기술 발전을 촉진합니다. (반대는 '클로즈드 모델')

⑲ **파라미터(Parameter)**

AI 모델이 학습을 통해 얻게 되는 지식 저장 값. 파라미터 수가 많을수록(수천억 개) 더 복잡하고 미묘한 뉘앙스를 이해하고 추론할 수 있습니다.

⑳ **파운데이션 모델(Foundation Model)**

초대규모 데이터로 훈련되어 다양한 작업의 '기초'가 되는 거대 AI 모델. GPT-4, Gemini 등이 이에 속하며, 이를 기반으로 미세 조정하여 특화 모델을 만듭니다.

3) AI 대화 기술: 프롬프트(21-30)

㉑ **부정적 프롬프트(Negative Prompt)**

AI에게 "A는 제외하고", "B 용어는 쓰지 말고"처럼 원하지 않는 요소를 명시하여 결과물을 제어하는 지시어. 답변의 방향성을 정교하게 다듬을 수 있습니다.

㉒ **연쇄 사고(Chain of Thought, CoT) 프롬프팅**

AI에게 복잡한 질문(예: 삼위일체 교리)에 대해 "단계별로 생각하며 답해 줘"라고 요청하는 기법. AI의 추론 과정을 유도하여 더 정확한 답변을 얻습니다.

㉓ **자가 수정(Self-Correction) 프롬프팅**

AI가 생성한 초안에 대해 "이 글을 더 공감 가게 다듬어 줘" 또는 "신학적 오류가 없는지 검토해 줘"라고 요청하여 스스로 결과물을 비판하고 개선하게 하는 기법입니다.

㉔ 제로샷 프롬프팅(Zero-shot Prompting)

AI에게 별다른 예시(shot) 없이, 처음 보는 작업도 즉시 수행하도록 요청하는
방식. "로마서를 요약해 줘" 같은 일반적인 명령이 여기에 속합니다.

㉕ 콘텍스트 창(Context Window)

AI가 한 번의 대화에서 기억할 수 있는 정보의 총량(단어/토큰 수). 이 한도를
넘어가면 AI가 대화의 앞부분을 잊기 시작하므로 긴 본문 분석 시 유의해야
합니다.

㉖ 템퍼러처(Temperature) 설정

AI 답변의 창의성(무작위성)을 조절하는 값(보통 0~1). 값이 낮으면(0.2) 일관되
고 사실적인 답변을, 높으면(0.9) 창의적이고 다양한 아이디어를 생성합니다.

㉗ 페르소나(Persona) 설정

프롬프트(Prompt)로 AI에게 특정 역할이나 정체성을 부여하는 것. "당신은 1
세기 바울 전문 신학자입니다"처럼 설정하여 답변의 톤과 관점을 제어할 수
있습니다.

㉘ 퓨샷 프롬프팅(Few-shot Prompting)

AI에게 1~2개(few)의 예시를 먼저 보여 주고, 동일한 패턴으로 작업을 요청
하는 기법. 원하는 기도문이나 주보 양식의 예시를 제공할 때 효과적입니다.

㉙ 프롬프트(Prompt)

AI에게 원하는 결과물을 얻기 위해 입력하는 '명령어' 또는 '질문'. "청년부를 위한 욥기 묵상 질문 5가지 생성"처럼 구체적이고 명확하게 지시하는 것이 중요합니다. 에이전트 시대의 프롬프트는 단순한 질문이 아니라, '목표(Goal)' 와 '제약 조건(Constraint)'을 명시하는 작업 지시서에 가깝습니다.

㉚ 프롬프트 엔지니어링(Prompt Engineering) → 문맥 엔지니어링(Context Engineering)

AI에게서 최상의 결과물을 얻어내기 위해 질문을 설계하고 최적화하는 기술. 원하는 설교 초안이나 분석을 얻기 위한 '효과적인 질문법'입니다. 2026년 현재는, 질문을 다듬는 기술을 넘어, AI에게 적절한 정보(Context)를 주입하고 관리하는 '문맥 엔지니어링'으로 진화했습니다. AI가 답변을 잘하게 하려면 질문을 예쁘게 하는 것보다 교회 주보, 설교문, 행정 매뉴얼 등 '참조할 문서'를 얼마나 잘 정리해서 넣어주느냐가 핵심입니다.

4) AI 활용과 실제(31-40)

㉛ AI 비서(AI Assistant)

LLM을 기반으로 사용자의 일정 관리, 이메일 요약, 정보 검색 등 개인화된 작업을 능동적으로 돕는 소프트웨어. 목회 비서처럼 행정 업무를 보조할 수 있습니다.

㉜ AI 에이전트(AI Agent)

단순 답변을 넘어 스스로 목표(예: '교회 수련회 장소 검색 및 예약')를 세우고 계획하며 인터넷 검색, 앱 실행 등 실제 행동을 자율적으로 수행하는 AI입니다.

㉝ 데이터 주권(Data Sovereignty)

개인이나 조직이 자신의 데이터를 통제하고 관리할 권리. 교회가 교인 정보를 AI로 분석할 때, 정보 주체인 교인의 권리를 보호하고 관련 법규를 준수하는 것이 중요합니다.

㉞ 디지털 휴먼(Digital Human)

AI를 기반으로 실제 사람의 외형과 감정, 대화를 매우 유사하게 구현한 가상 인간. 미래의 디지털 전도사나 AI 상담사 등으로 활용될 가능성이 논의됩니다.

㉟ 딥 리서치 (Deep Research)

Gemini Advanced의 기능. 단순 검색을 넘어 주제에 대한 심층 보고서를 자율적으로 생성합니다. 특정 신학 주제나 사회 현안 연구에 매우 유용합니다.

㊱ 메타버스(Metaverse)

가상 현실(VR), 증강 현실(AR) 등이 융합된 3차원 디지털 세계. '가상 교회', '온라인 성지 순례', '디지털 심방' 등 새로운 목회적 공간으로 주목받습니다.

㊲ 설명 가능한 AI(Explainable AI, XAI)

AI가 특정 결론을 내린 이유와 판단 근거를 인간이 이해할 수 있도록 '설명'해주는 기술. AI의 '블랙박스' 문제를 해결하고 신뢰성을 높이는 데 중요합니다.

㊳ 자연어 처리(Natural Language Processing, NLP)

AI가 인간의 언어(한글, 헬라어, 히브리어 등)를 이해하고 분석, 생성하는 기술.
성경 원어 분석, 다양한 번역본 비교, 설교문 요약 등에 핵심적인 역할을 합
니다.

㊴ 챗봇(Chatbot)

사용자와 문자 또는 음성으로 대화하는 AI 프로그램. 교회 웹 사이트에 설
치하여 방문자 안내, 자주 묻는 신앙 질문 답변, 기도 요청 접수 등에 활용할
수 있습니다.

㊵ 컴퓨터 비전(Computer Vision)

AI가 시각 정보(이미지, 영상)를 인식하고 해석하는 기술. 온라인 예배 참석자
반응 분석, 성경 관련 역사 유물 이미지 식별, 성지 순례 VR 구현 등에 사용
됩니다.

5) AI 윤리와 미래(41-50)

㊶ AI 안전(AI Safety)

AI가 의도치 않게 인간에게 해를 끼치거나 통제 불능 상태가 되는 것을 방지
하기 위한 모든 기술적, 윤리적 연구. AI의 위험성을 관리하는 분야입니다.

㊷ AI 윤리(AI Ethics)

AI의 개발과 활용 과정에서 발생할 수 있는 윤리적 문제를 다루는 분야. 공

정성, 투명성, 책임 소재, 인간 존엄성 등이 목회적 성찰의 주요 지점입니다.

㊸ 디지털 격차(Digital Divide)

AI와 같은 신기술에 접근하고 활용할 수 있는 능력의 차이로 말미암아 발생하는 사회적, 경제적 불평등. 목회 현장에서 모든 세대가 소외되지 않도록 돌보는 것이 중요합니다.

㊹ 블랙박스(Black Box)

딥러닝 모델처럼 내부 작동 원리가 너무 복잡하여 AI가 왜 특정한 결론이나 판단을 내렸는지 개발자조차 정확히 설명하기 어려운 상태를 비유하는 말입니다.

㊺ 인공 일반 지능(Artificial General Intelligence, AGI)

특정 작업만 잘하는 현재의 AI(약한 AI)를 넘어 인간과 같이 모든 지적 작업을 수행할 수 있는 (아직 도래하지 않은) 보편적이고 강력한 AI입니다.

㊻ 정렬(Alignment)

AI의 목표와 행동을 개발자의 의도 및 인간의 보편적 가치(신앙적 가치 포함)와 일치시키려는 기술적, 윤리적 노력입니다. '안전'의 핵심 방법론입니다.

㊼ 초지능(Superintelligence)

AGI를 넘어 인간의 지능을 모든 면에서 압도적으로 뛰어넘는 가상의 AI. 인류의 미래와 문명에 근본적인 질문을 던지며, 신학적 고찰이 필요한 영역입니다.

㊽ 특이점(Singularity)

AI의 지능이 인간의 지능을 완전히 초월하여 인류 문명에 예측 불가능한 변화가 일어나는 이론적 시점. 기술 발전이 인간의 통제를 벗어나는 순간을 의미합니다.

㊾ 편향성(Bias)

AI가 학습한 데이터에 내재된 편견(인종, 성별, 특정 신학적 관점)을 그대로 학습해 결과물에 반영하는 경향. 윤리적 사용과 비판적 검토가 필수입니다.

㊿ 환각(Hallucination) → 아첨(Sycophancy)

AI가 학습 데이터에 없거나 사실이 아닌 정보를 마치 실제 사실처럼 그럴싸하게 지어내는 현상. 신학적, 역사적 사실 검증 시 반드시 경계해야 할 오류입니다. 2026년 현재, 거짓 정보를 생성하는 환각 현상은 GPT-5와 Gemini 3에서 획기적으로(1%대 미만) 감소했습니다. 그러나 새로운 문제는 '아첨(Sycophancy)'입니다. AI가 사용자의 기분을 맞추기 위해, 사용자의 잘못된 신학적 전제를 지적하지 않고 동조하는 방향으로 답변을 생성하는 경향입니다. 이는 목회자의 확증 편향을 강화할 위험이 있습니다.